biblio

L'Avare

Molière

Notes, questionnaires et dossier Bibliocollège
par **Jean-Claude LANDAT,**
professeur au lycée professionnel Robert-Desnos
de Crépy-en-Valois
et professeur associé à l'IUFM d'Amiens

Crédits photographiques

pp. 39 et 147 (Harpagon) : © Hachette Livre ; **p. 5** : Sabourin/© Hachette Livre ; **ouvertures des actes et pp. 22 et 50** : © Hachette Livre ; **p. 20** : Stevens/© Sipa-Press ; **pp. 33 et 88** : Leloir/© Hachette Livre ; **pp. 48, 91, 147** (Picsou) **et 176** : © Prod ; **pp. 64 et 162** : Le Roux/© Sipa-Press ; **p. 69** : Jonas/© Hachette Livre ; **p. 101** : Meurou/© Sipa-Press ; **p. 104** : © Agence Bernand ; **pp. 111 et 163** : Namur/© Sipa-Press ; **p. 115** : Grandmesnil par Desorier/© Hachette Livre ; **p. 126** : Chamarat par Studio Charles/© Hachette Livre ; **pp. 135 et 156** : Platt/BN/© Hachette Livre ; **pp. 138 et 161** : BN/© Jean-Louis Charmet ; **p. 141** : MKDI/SFP ; **pp. 142 et 143** : Bibl. de la Comédie-Française/© Jean-Louis Charmet ; **p. 145** : Lorioux/© ADAGP 2000/Jean-Louis Charmet ; **p. 152** Molière : Mignard/© Hachette Livre ; charlatan : BN/© Jean-Louis Charmet ; **p. 153** : musée Carnavalet/© Jean-Louis Charmet ; **p. 157** : Van Tilborch/© Josse ; **p. 159** : Durand/© Sipa-Press ; **p. 160** : Talbot par Frappa/coll. Comédie-Française ; **p. 164** : BN/© Hachette Livre.

Conception graphique

Couverture : *Laurent Carré*
Intérieur : *ELSE*

Mise en page

PAON

Illustration des questionnaires

Harvey Stevenson

ISBN : 978-2-01-167959-8

© Hachette Livre 2000, 43, quai de Grenelle, 75905 PARIS Cedex 15.
Tous droits de traduction, de reproduction et d'adaptation réservés pour tous pays.

Sommaire

Introduction

Êtes-vous avare ou économe ?

Être économe est une qualité : c'est dépenser avec mesure en évitant tout achat inutile.

Être avare est un défaut : c'est se complaire à amasser sans cesse des richesses et vivre en permanence dans la crainte d'avoir à les dépenser ou à s'en séparer.

Avec Harpagon, personnage principal de *L'Avare*, Molière met en scène ce défaut poussé à l'extrême. Jugez vous-même…

Harpagon (en grec : « rapace » ; en latin : « grappin »), riche bourgeois quinquagénaire, fait subir à son entourage la tyrannie de son caractère « *avaricieux* ».

– À sa fille Élise, il demande d'épouser un vieux seigneur, veuf, qui l'acceptera « *sans dot* » ;

– à son fils Cléante, il demande d'épouser une riche veuve ;

– à ses domestiques, qu'il surveille, fouille et accuse de vol, il demande de faire les plus petites économies : « *prenez garde de ne point frotter les meubles trop fort, de peur de les user* ».

– de la jeune Mariane, qu'il souhaite épouser, il attend une dot ;
– à ses emprunteurs, il inflige des taux d'intérêt exorbitants ;
– à lui-même, il impose des tenues vestimentaires totalement démodées.

Rongé par l'avarice, Harpagon est un monstre prêt à renier et déshériter son fils, à envoyer sa fille dans un couvent, à faire subir à ses enfants et à ses domestiques les pires supplices.

Mais Élise aime Valère en secret et Cléante aime passionnément Mariane.

L'affrontement entre un père excessivement avare et des enfants généreux et amoureux est inévitable : disputes, double langage, vol, quiproquos, coups de bâtons, insultes, menaces, mensonges, rebondissements, coups de théâtre… Le tout dans une atmosphère parfois romanesque, parfois dramatique, mais surtout comique par les situations, les expressions, les gestes, les attitudes et les oppositions de caractères…

On voit mal comment cela peut se terminer. Qui triomphera ? Par quelle magie du coup de théâtre Molière permettra-t-il pour chacun un dénouement heureux ?

L'Avare est une pièce drôle mais aussi une comédie de mœurs et de caractères qui donne une image impitoyable de l'homme et de la société. Molière met en garde tous ceux qui ont « une cassette » à la place du cœur. Il les ridiculise et leur donne une leçon en faisant triompher la jeunesse qui défend des valeurs plus généreuses et plus spontanées : celles du cœur.

Alors, ne soyez pas avare de votre temps et prenez plaisir à lire une comédie qui fait rire et qui rend meilleur !

PERSONNAGES

HARPAGON : l'avare.

CLÉANTE : fils d'Harpagon.

ÉLISE : fille d'Harpagon.

VALÈRE : intendant d'Harpagon (en réalité fils de Dom Thomas d'Alburcy).

MARIANE : en réalité fille de Dom Thomas d'Alburcy.

ANSELME : en réalité Dom Thomas d'Alburcy.

FROSINE : femme d'intrigue.

MAÎTRE SIMON : courtier.

MAÎTRE JACQUES : cuisinier et cocher d'Harpagon.

LA FLÈCHE : valet de Cléante.

DAME CLAUDE : servante d'Harpagon.

BRINDAVOINE : laquais d'Harpagon.

LA MERLUCHE : laquais d'Harpagon.

LE COMMISSAIRE ET SON CLERC.

Le théâtre représente une pièce de la maison d'Harpagon, avec une table, des sièges, un coffre, un secrétaire (ameublement cossu). Une porte donne sur la rue, une autre sur le reste de l'appartement ; au fond, une porte-fenêtre donne sur le jardin.

Scène 1

VALÈRE, ÉLISE

VALÈRE – Hé quoi ? charmante Élise, vous devenez mélancolique, après les obligeantes assurances que vous avez eu la bonté de me donner de votre foi [1] ? Je vous vois soupirer, hélas ! au milieu de ma joie ! Est-ce du regret, dites-moi, de m'avoir fait heureux, et vous repentez-vous de cet engagement où [2] mes feux [3] ont pu vous contraindre ?

ÉLISE – Non, Valère, je ne puis pas me repentir de tout ce que je fais pour vous. Je m'y sens entraîner par une trop douce puissance, et je n'ai pas même la force de souhaiter que les choses ne fussent pas. Mais, à vous dire vrai, le succès [4] me donne de l'inquiétude ; et je crains fort de vous aimer un peu plus que je ne devrais.

notes

1. foi : fidélité à la parole donnée.

2. où : auquel.

3. mes feux : mon amour.

4. le succès : l'issue, le dénouement.

VALÈRE – Hé ! que pouvez-vous craindre, Élise, dans les bon-
15 tés que vous avez pour moi ?

ÉLISE – Hélas ! cent choses à la fois : l'emportement d'un
père, les reproches d'une famille, les censures[1] du monde,
mais plus que tout, Valère, le changement de votre cœur, et
cette froideur criminelle dont ceux de votre sexe payent le
20 plus souvent les témoignages trop ardents d'une innocente
amour.

VALÈRE – Ah ! ne me faites pas ce tort de juger de moi par
les autres. Soupçonnez-moi de tout, Élise, plutôt que de
manquer à ce que je vous dois[2] : je vous aime trop pour
25 cela, et mon amour pour vous durera autant que ma vie.

ÉLISE – Ah ! Valère, chacun tient les mêmes discours. Tous les
hommes sont semblables par les paroles ; et ce n'est que les
actions qui les découvrent[3] différents.

VALÈRE – Puisque les seules actions font connaître ce que
30 nous sommes, attendez donc au moins à juger de mon
cœur par elles, et ne me cherchez point des crimes dans les
injustes craintes d'une fâcheuse prévoyance. Ne m'assassi-
nez point, je vous prie, par les sensibles coups d'un soupçon outrageux[4], et donnez-moi le temps de vous
35 convaincre, par mille et mille preuves, de l'honnêteté de
mes feux.

ÉLISE – Hélas ! qu'avec facilité on se laisse persuader par les
personnes que l'on aime ! Oui, Valère, je tiens votre cœur
incapable de m'abuser[5]. Je crois que vous m'aimez d'un

---

notes

1. les censures : la condamnation.

2. manquer à ce que je vous dois : négliger, oublier ce que je vous dois.

3. découvrent : montrent.

4. outrageux : insultant, injurieux.

5. m'abuser : me tromper.

40 véritable amour, et que vous me serez fidèle ; je n'en veux
point du tout douter, et je retranche mon chagrin[1] aux
appréhensions[2] du blâme qu'on pourra me donner.

VALÈRE – Mais pourquoi cette inquiétude ?

ÉLISE – Je n'aurais rien à craindre, si tout le monde vous
45 voyait des yeux dont[3] je vous vois, et je trouve en votre
personne de quoi avoir raison aux choses[4] que je fais pour
vous. Mon cœur, pour sa défense, a tout votre mérite,
appuyé du secours d'une reconnaissance où[5] le Ciel m'engage envers vous. Je me représente à toute heure ce péril
50 étonnant[6] qui commença de nous offrir aux regards l'un
de l'autre ; cette générosité surprenante qui vous fit risquer
votre vie, pour dérober la mienne à la fureur des ondes[7] ;
ces soins pleins de tendresse que vous me fîtes éclater après
m'avoir tirée de l'eau, et les hommages assidus de cet
55 ardent amour que ni le temps ni les difficultés n'ont
rebuté, et qui, vous faisant négliger et parents et patrie,
arrête vos pas en ces lieux, y tient en ma faveur votre fortune[8] déguisée, et vous a réduit, pour me voir, à vous revêtir de l'emploi de domestique[9] de mon père. Tout cela fait
60 chez moi sans doute un merveilleux effet ; et c'en est assez
à mes yeux pour me justifier l'engagement où[10] j'ai pu
consentir ; mais ce n'est pas assez peut-être pour le justifier
aux autres, et je ne suis pas sûre qu'on entre dans mes sentiments.

notes

---

1. je retranche mon chagrin : je limite mon chagrin.

2. appréhensions : craintes.

3. dont : avec lesquels.

4. aux choses : dans les choses.

5. où : à laquelle.

6. étonnant : effrayant.

7. les ondes : l'eau.

8. votre fortune : votre bonne situation sociale.

9. vous revêtir de l'emploi de domestique : vous mettre au service de.

10. où : auquel.

65 VALÈRE – De tout ce que vous avez dit, ce n'est que par mon
seul amour que je prétends auprès de vous mériter quelque
chose ; et quant aux scrupules que vous avez, votre père lui-
même ne prend que trop de soin de vous justifier à tout le
monde ; et l'excès de son avarice, et la manière austère[1]
70 dont il vit avec ses enfants pourraient autoriser des choses
plus étranges. Pardonnez-moi, charmante Élise, si j'en parle
ainsi devant vous. Vous savez que sur ce chapitre on n'en
peut pas dire de bien. Mais enfin, si je puis, comme je l'espère, retrouver mes parents, nous n'aurons pas beaucoup de
75 peine à nous le rendre favorable. J'en attends des nouvelles
avec impatience, et j'en irai chercher moi-même, si elles
tardent à venir.

ÉLISE – Ah ! Valère, ne bougez d'ici, je vous prie ; et songez
seulement à vous bien mettre dans l'esprit de mon père.

80 VALÈRE – Vous voyez comme je m'y prends, et les adroites
complaisances[2] qu'il m'a fallu mettre en usage pour m'introduire à son service ; sous quel masque de sympathie et
de rapports de sentiments je me déguise pour lui plaire, et
quel personnage je joue tous les jours avec lui, afin d'ac-
85 quérir sa tendresse. J'y fais des progrès admirables ; et
j'éprouve[3] que pour gagner les hommes, il n'est point de
meilleure voie que de se parer à leurs yeux de leurs inclinations[4], que de donner dans leurs maximes[5], encenser[6]
leurs défauts, et applaudir à ce qu'ils font. On n'a que faire
90 d'avoir peur de trop charger la complaisance[7] ; et la
manière dont on les joue a beau être visible, les plus fins

---

notes

1. **austère :** sévère, dépouillée.

2. **adroites complaisances :** habiles accomodements (adaptations) pour plaire.

3. **j'éprouve :** je me rends compte.

4. **inclinations :** sentiments.

5. **maximes :** principes, avis.

6. **encenser :** flatter.

7. **charger la complaisance :** exagérer les louanges.

toujours sont de grandes dupes du côté de la flatterie ; et il n'y a rien de si impertinent[1] et de si ridicule qu'on ne fasse avaler lorsqu'on l'assaisonne en louange. La sincérité souffre un peu au métier que je fais ; mais quand on a besoin des hommes, il faut bien s'ajuster à eux[2] ; et puisqu'on ne saurait les gagner que par là, ce n'est pas la faute de ceux qui flattent, mais de ceux qui veulent être flattés.

ÉLISE – Mais que ne tâchez-vous aussi à gagner l'appui de mon frère, en cas que[3] la servante s'avisât de révéler notre secret ?

VALÈRE – On ne peut pas ménager l'un et l'autre ; et l'esprit du père et celui du fils sont des choses si opposées, qu'il est difficile d'accommoder[4] ces deux confidences[5] ensemble. Mais vous, de votre part, agissez auprès de votre frère, et servez-vous de l'amitié qui est entre vous deux pour le jeter dans nos intérêts. Il vient, je me retire. Prenez ce temps pour lui parler ; et ne lui découvrez de notre affaire que ce que vous jugerez à propos.

ÉLISE – Je ne sais si j'aurai la force de lui faire cette confidence.

Scène 2 CLÉANTE, ÉLISE

CLÉANTE – Je suis bien aise de vous trouver seule, ma sœur ; et je brûlais de vous parler, pour m'ouvrir à vous d'un secret.

notes

1. *impertinent :* contraire aux convenances.
2. *s'ajuster à eux :* s'adapter à eux.
3. *en cas que :* au cas où.
4. *d'accommoder :* de contenter.
5. *ces deux confidences :* la confiance du père et celle du fils.

115   Élise – Me voilà prête à vous ouïr[1], mon frère. Qu'avez-vous à me dire ?

Cléante – Bien des choses, ma sœur, enveloppées dans un mot : j'aime.

Élise – Vous aimez ?

120   Cléante – Oui, j'aime. Mais avant que d'aller plus loin, je sais que je dépends d'un père, et que le nom de fils me soumet à ses volontés ; que nous ne devons point engager notre foi[2] sans le consentement de ceux dont nous tenons le jour ; que le Ciel les a faits les maîtres de nos vœux, et 125 qu'il nous est enjoint[3] de n'en disposer que par leur conduite[4] ; que n'étant prévenus[5] d'aucune folle ardeur, ils sont en état de se tromper bien moins que nous, et de voir beaucoup mieux ce qui nous est propre ; qu'il en faut plutôt croire les lumières de leur prudence que l'aveuglement 130 de notre passion ; et que l'emportement de la jeunesse nous entraîne le plus souvent dans des précipices fâcheux. Je vous dis tout cela, ma sœur, afin que vous ne vous donniez pas la peine de me le dire ; car enfin mon amour ne veut rien écouter, et je vous prie de ne me point faire de 135 remontrances[6].

Élise – Vous êtes-vous engagé, mon frère, avec celle que vous aimez ?

Cléante – Non, mais j'y suis résolu ; et je vous conjure encore une fois de ne me point apporter de raisons pour 140 m'en dissuader.

Élise – Suis-je, mon frère, une si étrange personne ?

---

notes

1. **ouïr :** écouter.
2. **engager notre foi :** donner notre parole.
3. **enjoint :** ordonné.
4. **conduite :** conseil.
5. **prévenus :** dépendants.
6. **remontrances :** reproches.

CLÉANTE – Non, ma sœur ; mais vous n'aimez pas : vous ignorez la douce violence qu'un tendre amour fait sur nos cœurs ; et j'appréhende[1] votre sagesse.

145 ÉLISE – Hélas ! mon frère, ne parlons point de ma sagesse. Il n'est personne qui n'en manque, du moins une fois en sa vie ; et si je vous ouvre mon cœur, peut-être serai-je à vos yeux bien moins sage que vous.

CLÉANTE – Ah ! plût au Ciel que votre âme, comme la
150 mienne…

ÉLISE – Finissons auparavant votre affaire, et me dites[2] qui est celle que vous aimez.

CLÉANTE – Une jeune personne qui loge depuis peu en ces quartiers, et qui semble être faite pour donner de l'amour
155 à tous ceux qui la voient. La nature, ma sœur, n'a rien formé de plus aimable ; et je me sentis transporté dès le moment que je la vis. Elle se nomme Mariane, et vit sous la conduite d'une bonne femme de mère[3], qui est presque toujours malade, et pour qui cette aimable fille a des sen-
160 timents d'amitié qui ne sont pas imaginables. Elle la sert, la plaint, et la console avec une tendresse qui vous toucherait l'âme. Elle se prend d'un air le plus charmant du monde aux choses qu'elle fait, et l'on voit briller mille grâces en toutes ses actions : une douceur pleine d'attraits, une bonté
165 toute engageante, une honnêteté adorable, une… Ah ! ma sœur, je voudrais que vous l'eussiez vue.

ÉLISE – J'en vois beaucoup mon frère, dans les choses que vous me dites ; et pour comprendre ce qu'elle est, il me suffit que vous l'aimez.

notes

1. *j'appréhende :* je crains.　　2. *me dites :* dites-moi.　　3. *une bonne femme de mère :* une mère âgée.

170 CLÉANTE – J'ai découvert sous main[1] qu'elles ne sont pas fort accommodées[2], et que leur discrète conduite[3] a de la peine à étendre à[4] tous leurs besoins le bien qu'elles peuvent avoir. Figurez-vous, ma sœur, quelle joie ce peut être que de relever la fortune d'une personne que l'on aime ; que de

175 donner adroitement quelques petits secours aux modestes nécessités d'une vertueuse famille ; et concevez quel déplaisir ce m'est de voir que, par l'avarice d'un père, je sois dans l'impuissance de goûter cette joie, et de faire éclater à cette belle aucun témoignage de mon amour.

180 ÉLISE – Oui, je conçois assez, mon frère, quel doit être votre chagrin.

CLÉANTE – Ah ! ma sœur, il est plus grand qu'on ne peut croire. Car enfin peut-on rien voir de plus cruel que cette rigoureuse épargne[5] qu'on exerce sur nous, que cette

185 sécheresse[6] étrange où l'on nous fait languir ? Et que nous servira d'avoir du bien, s'il ne nous vient que dans le temps que[7] nous ne serons plus dans le bel âge d'en jouir, et si pour m'entretenir même il faut que maintenant je m'engage[8] de tous côtés, si je suis réduit avec vous à chercher

190 tous les jours le secours des marchands, pour avoir moyen de porter des habits raisonnables ? Enfin j'ai voulu vous parler, pour m'aider à sonder mon père[9] sur les sentiments où je suis ; et si je l'y trouve contraire, j'ai résolu d'aller en d'autres lieux, avec cette aimable personne, jouir de la for-

195 tune que le Ciel voudra nous offrir. Je fais chercher partout

notes

1. **sous main :** secrètement.
2. **pas fort accommodées :** pas riches.
3. **discrète conduite :** vie modeste.
4. **étendre à :** satisfaire.
5. **rigoureuse épargne :** économies draconiennes imposées.
6. **sécheresse :** grande pauvreté.
7. **que :** où.
8. **je m'engage :** je m'endette.
9. **sonder mon père :** chercher ce que pense mon père.

pour ce dessein de l'argent à emprunter ; et si vos affaires, ma sœur, sont semblables aux miennes, et qu'il faille que notre père s'oppose à nos désirs, nous le quitterons là tous deux et nous affranchirons[1] de cette tyrannie où nous tient
200 depuis si longtemps son avarice insupportable.

ÉLISE – Il est bien vrai que, tous les jours, il nous donne de plus en plus sujet de regretter la mort de notre mère, et que…

CLÉANTE – J'entends sa voix. Éloignons-nous un peu, pour
205 nous achever notre confidence ; et nous joindrons après nos forces pour venir attaquer la dureté de son humeur.

Scène 3   HARPAGON, LA FLÈCHE

HARPAGON – Hors d'ici tout à l'heure[2], et qu'on ne réplique pas. Allons, que l'on détale de chez moi, maître juré filou[3], vrai gibier de potence.

210 LA FLÈCHE, *à part* – Je n'ai jamais rien vu de si méchant que ce maudit vieillard, et je pense, sauf correction[4], qu'il a le diable au corps.

HARPAGON – Tu murmures entre tes dents.

LA FLÈCHE – Pourquoi me chassez-vous ?

215 HARPAGON – C'est bien à toi, pendard, à me demander des raisons : sors vite, que je ne[5] t'assomme.

LA FLÈCHE – Qu'est-ce que je vous ai fait ?

HARPAGON – Tu m'as fait que je veux que tu sortes.

notes

1. affranchir : libérer.
2. tout à l'heure : immédiatement.

3. maître juré filou : grand voleur.

4. sauf correction : sauf erreur.
5. que je ne : avant que je ne.

LA FLÈCHE – Mon maître, votre fils, m'a donné ordre de l'at-
220 tendre.

HARPAGON – Va-t'en l'attendre dans la rue, et ne sois point
dans ma maison planté tout droit comme un piquet, à
observer ce qui se passe, et faire ton profit de tout. Je ne
veux point avoir sans cesse devant moi un espion de mes
225 affaires, un traître, dont les yeux maudits assiègent[1] toutes
mes actions, dévorent ce que je possède, et furettent de
tous côtés pour voir s'il n'y a rien à voler.

LA FLÈCHE – Comment diantre voulez-vous qu'on fasse pour
vous voler ? Êtes-vous un homme volable[2], quand vous
230 renfermez toutes choses, et faites sentinelle jour et nuit ?

HARPAGON – Je veux renfermer ce que bon me semble, et
faire sentinelle comme il me plaît. Ne voilà pas de mes
mouchards[3], qui prennent garde à ce qu'on fait ? *(À part.)*
Je tremble qu'il n'ait soupçonné quelque chose de mon
235 argent. *(Haut.)* Ne serais-tu point homme à aller faire courir le bruit que j'ai chez moi de l'argent caché ?

LA FLÈCHE – Vous avez de l'argent caché ?

HARPAGON – Non, coquin, je ne dis pas cela. *(À part.)*
J'enrage. *(Haut.)* Je demande si malicieusement tu n'irais
240 point faire courir le bruit que j'en ai.

LA FLÈCHE – Hé ! que nous importe que vous en ayez ou
que vous n'en ayez pas, si c'est pour nous la même chose ?

HARPAGON – Tu fais le raisonneur. Je te baillerai[4] de ce rai-
sonnement-ci par les oreilles. *(Il lève la main pour lui donner*
245 *un soufflet[5].)* Sors d'ici, encore une fois.

---

notes

1. **assiègent :** surveillent.

2. **volable :** susceptible d'être volé.

3. **mouchards :** espions.

4. **je te baillerai :** je te donnerai.

5. **un soufflet :** une gifle.

LA FLÈCHE – Hé bien ! je sors.

HARPAGON – Attends. Ne m'emportes-tu rien ?

LA FLÈCHE – Que vous emporterais-je ?

HARPAGON – Viens çà[1], que je voie. Montre-moi tes mains.

250 **LA FLÈCHE** – Les voilà.

HARPAGON – Les autres.

LA FLÈCHE – Les autres ?

HARPAGON – Oui.

LA FLÈCHE – Les voilà.

255 **HARPAGON**, *désignant les chausses* – N'as-tu rien mis ici dedans ?

LA FLÈCHE – Voyez vous-même.

HARPAGON, *il tâte le bas de ses chausses*[2] – Ces grands hauts-de-chausses[2] sont propres à devenir les receleurs[3] des choses qu'on dérobe et je voudrais qu'on en eût fait
260 pendre quelqu'un.

LA FLÈCHE, *à part* – Ah ! qu'un homme comme cela mériterait bien ce qu'il craint ! et que j'aurais de joie à le voler !

HARPAGON – Euh ?

LA FLÈCHE – Quoi ?

265 **HARPAGON** – Qu'est-ce que tu parles de voler ?

LA FLÈCHE – Je dis que vous fouillez bien partout, pour voir si je vous ai volé.

HARPAGON – C'est ce que je veux faire.
Il fouille dans les poches de La Flèche.

270 **LA FLÈCHE**, *à part* – La peste soit de l'avarice et des avaricieux !

---

notes

1. viens çà : viens ici.　　**2. chausses et hauts-de-chausses :** culottes très larges.　　**3. receleurs :** cachettes.

HARPAGON – Comment ? que dis-tu ?

LA FLÈCHE – Ce que je dis ?

HARPAGON – Oui : qu'est-ce que tu dis d'avarice et d'avari-
275   cieux ?

LA FLÈCHE – Je dis que la peste soit de l'avarice et des avaricieux !

HARPAGON – De qui veux-tu parler ?

LA FLÈCHE – Des avaricieux !

280 HARPAGON – Et qui sont-ils ces avaricieux ?

LA FLÈCHE – Des vilains et des ladres[1].

HARPAGON – Mais qui est-ce que tu entends par là ?

LA FLÈCHE – De quoi vous mettez-vous en peine ?

HARPAGON – Je me mets en peine de ce qu'il faut.

285 LA FLÈCHE – Est-ce que vous croyez que je veux parler de
vous ?

HARPAGON – Je crois ce que je crois ; mais je veux que tu me
dises à qui tu parles quand tu dis cela.

LA FLÈCHE – Je parle… je parle à mon bonnet.

290 HARPAGON – Et moi, je pourrais bien parler à ta barrette[2].

LA FLÈCHE – M'empêcherez-vous de maudire les avaricieux ?

HARPAGON – Non ; mais je t'empêcherai de jaser[3] et d'être
insolent. Tais-toi.

LA FLÈCHE – Je ne nomme personne.

295 HARPAGON – Je te rosserai, si tu parles.

notes

1. des vilains et des ladres : des paysans et des avares.

2. parler à ta barrette : quereller, réprimander (la barrette est le béret plat porté par les laquais).

3. jaser : bavarder, médire.

LA FLÈCHE – Qui se sent morveux, qu'il se mouche.

HARPAGON – Te tairas-tu ?

LA FLÈCHE – Oui, malgré moi.

HARPAGON – Ha, ha !

300 LA FLÈCHE, *lui montrant une des poches de son justaucorps* – Tenez, voilà encore une poche : êtes-vous satisfait ?

HARPAGON – Allons, rends-le-moi sans te fouiller[1].

LA FLÈCHE – Quoi ?

HARPAGON – Ce que tu m'as pris.

305 LA FLÈCHE – Je ne vous ai rien pris du tout.

HARPAGON – Assurément ?

LA FLÈCHE – Assurément.

HARPAGON – Adieu : va-t'en à tous les diables.

310 LA FLÈCHE – Me voilà fort bien congédié[2].

HARPAGON – Je te le[3] mets sur ta conscience, au moins. Voilà un pen-
315 dard de valet qui m'incommode fort, et je ne me plais point à voir ce chien de boiteux-là.

Michel Serrault en Harpagon fou de rage et d'inquiétude à l'idée que le valet de son fils découvre son secret.

notes

1. *sans te fouiller :* sans que je te fouille.
2. *congédié :* renvoyé.
3. *le :* ce pronom désigne ici le vol supposé.

Au fil du texte

QUE S'EST-IL PASSÉ ENTRE-TEMPS ?

1. En quelles circonstances Valère et Élise se sont-ils rencontrés (scène 1) ?

2. Par quel stratagème* Valère a-t-il pu rester proche d'Élise (scène 1) ?

3. Que nous apprend Cléante à propos de Mariane, la jeune femme qu'il aime (scène 2) ?

4. Quel obstacle principal Valère et Cléante devront-ils affronter pour parvenir à épouser respectivement Élise et Mariane (scènes 1 et 2) ?

5. Résumez en une phrase les deux intrigues* mises en place dans ces deux scènes d'exposition*.

AVEZ-VOUS BIEN LU ?

6. Que reproche Harpagon à La Flèche ?

7. À partir de cette scène, dressez le portrait d'Harpagon.

8. Ce portrait confirme-t-il ce que nous avons appris aux scènes 1 et 2 ? Pourquoi ?

ÉTUDIER UN THÈME : LA RELATION MAÎTRE ET VALET AU XVIIᵉ SIÈCLE

9. Sur quels tons Harpagon et La Flèche se parlent-ils ? Relevez quelques répliques pour illustrer votre réponse.

10. Quelle image des rapports entre les maîtres et leurs valets au XVIIᵉ siècle cette scène nous offre-t-elle ?

---

stratagème : ruse habile.

intrigue : action de la pièce qui se met en place à partir des relations entre les personnages.

scène d'exposition : la ou les premières scènes qui donnent des indications sur les lieux et le moment de l'action, les personnages et les liens qui les unissent, l'action qui se prépare. Elles répondent aux questions : OÙ ? QUAND ? QUI ? POURQUOI ? et créent une attente pour le spectateur ou le lecteur.

exemples de comique de mots : jurons, jeux de mots, patois, contresens, répétition…

exemples de comique de caractère : avarice, flatterie, cynisme, insolence…

Gravé d'après
François Boucher pour l'édition de 1734.

ÉTUDIER LE COMIQUE

11. Pour chacun des procédés comiques★ suivants, choisissez dans la scène un exemple de :

a) comique de mots ;

b) comique d'exagération ou de caractères ;

c) comique de gestes ;

d) comique de situation.

12. Lisez la définition de la farce★ et précisez si, selon vous, cette scène relève de ce genre littéraire.

MISE EN SCÈNE

13. Quel est le rôle de l'aparté★ (lignes 234-235 et ligne 239) ?

14. Quel est le rôle des didascalies★ pour le metteur en scène et les acteurs ?

15. Imaginez d'autres indications que vous donneriez aux acteurs pour qu'ils jouent le passage de la ligne 237 à la ligne 271 (tons, mouvements, déplacements sur la scène, expression des visages, gestes...).

16. Jouez votre propre mise en scène.

LIRE L'IMAGE

17. Décrivez cette gravure en vous attardant sur l'attitude des deux personnages.

18. Quel moment de la scène représente-t-elle ?

19. Quelle réplique de la scène pourrait servir de légende à cette gravure ?

exemples de comique de gestes : coup de bâton, poursuite, chute, soufflet, fouille...

exemples de comique de situation : circonstance embarrassante, quiproquo...

farce : pièce comique populaire qui utilise pour faire rire des procédés tels que les déguisements, les coups de fouet, les écarts de langage, les pirouettes, les bouffonneries et autres scènes extravagantes.

aparté : un personnage s'adresse aux spectateurs sans être entendu des autres personnages. L'aparté est identifiable par les didascalies : *à part, bas, doucement.*

didascalies : indications écrites par l'auteur pour la mise en scène.

Scène 4 ÉLISE, CLÉANTE, HARPAGON

HARPAGON – Certes, ce n'est pas une petite peine que de
320   garder chez soi une grande somme d'argent ; et bienheureux qui a tout son fait[1] bien placé, et ne conserve seulement que ce qu'il faut pour sa dépense. On n'est pas peu
embarrassé à[2] inventer dans toute une maison une cache[3]
fidèle ; car pour moi, les coffres-forts me sont suspects, et je
325   ne veux jamais m'y fier : je les tiens[4] justement une franche
amorce[5] à voleurs, et c'est toujours la première chose que
l'on va attaquer. Cependant je ne sais si j'aurais bien fait
d'avoir enterré dans mon jardin dix mille écus qu'on me
rendit hier. Dix mille écus en or chez soi est une somme
330   assez…

Ici le frère et la sœur paraissent, s'entretenant bas[6].

Ô Ciel ! je me serai trahi moi-même : la chaleur m'aura
emporté, et je crois que j'ai parlé haut en raisonnant tout
seul. Qu'est-ce ?

335 CLÉANTE – Rien, mon père.

HARPAGON – Y a-t-il longtemps que vous êtes là ?

ÉLISE – Nous ne venons que d'arriver.

HARPAGON – Vous avez entendu…

CLÉANTE – Quoi ? mon père.

340 HARPAGON – Là…

ÉLISE – Quoi ?

HARPAGON – Ce que je viens de dire.

---

notes

1. son fait : son argent.
2. à : pour.
3. une cache : une cachette.
4. je les tiens : je les considère comme.
5. amorce : appât.
6. s'entretenant bas : discutant tout bas.

CLÉANTE – Non.

HARPAGON – Si fait, si fait[1].

345 ÉLISE – Pardonnez-moi.

HARPAGON – Je vois bien que vous en avez ouï quelques mots. C'est que je m'entretenais en moi-même de la peine qu'il y a aujourd'hui à trouver de l'argent, et je disais qu'il est bienheureux qui peut avoir dix mille écus chez soi.

350 CLÉANTE – Nous feignions à[2] vous aborder, de peur de vous interrompre.

HARPAGON – Je suis bien aise de vous dire cela, afin que vous n'alliez pas prendre les choses de travers et vous imaginer que je dise que c'est moi qui ai dix mille écus.

355 CLÉANTE – Nous n'entrons point dans vos affaires.

HARPAGON – Plût à Dieu que je les eusse, dix mille écus.

CLÉANTE – Je ne crois pas…

HARPAGON – Ce serait une bonne affaire pour moi.

ÉLISE – Ce sont des choses…

360 HARPAGON – J'en aurais bon besoin.

CLÉANTE – Je pense que…

HARPAGON – Cela m'accommoderait[3] fort.

ÉLISE – Vous êtes…

HARPAGON – Et je ne me plaindrais pas, comme je fais, que
365 le temps est misérable.

CLÉANTE – Mon Dieu ! mon père, vous n'avez pas lieu de vous plaindre, et l'on sait que vous avez assez de bien.

notes

1. si fait : mais si.

2. nous feignions à : nous craignions de.

3. m'accommoderait : me mettrait à l'aise.

HARPAGON – Comment ? j'ai assez de bien ! Ceux qui le disent en ont menti. Il n'y a rien de plus faux ; et ce sont
370 des coquins qui font courir tous ces bruits-là.

ÉLISE – Ne vous mettez point en colère.

HARPAGON – Cela est étrange, que mes propres enfants me trahissent et deviennent mes ennemis !

CLÉANTE – Est-ce être votre ennemi, que de dire que vous
375 avez du bien ?

HARPAGON – Oui : de pareils discours et les dépenses que vous faites seront cause qu'un de ces jours on me viendra chez moi couper la gorge, dans la pensée que je suis tout cousu de pistoles[1].

380 CLÉANTE – Quelle grande dépense est-ce que je fais ?

HARPAGON – Quelle ? Est-il rien de plus scandaleux que ce somptueux équipage[2] que vous promenez par la ville ? Je querellais[3] hier votre sœur ; mais c'est encore pis. Voilà qui crie vengeance au Ciel ; et à vous prendre depuis les pieds
385 jusqu'à la tête, il y aurait là de quoi faire une bonne constitution[4]. Je vous l'ai dit vingt fois, mon fils, toutes vos manières me déplaisent fort : vous donnez furieusement dans le marquis[5] ; et pour aller ainsi vêtu, il faut bien que vous me dérobiez.

390 CLÉANTE – Hé ! comment vous dérober ?

HARPAGON – Que sais-je ? Où pouvez-vous donc prendre de quoi entretenir l'état[6] que vous portez ?

---

notes

1. pistole : unité de monnaie (valant onze livres).
2. équipage : costume et laquais.
3. querellais : grondais.
4. constitution : placement financier.
5. vous donnez furieusement dans le marquis : vous vivez comme un marquis.
6. l'état : les habits.

CLÉANTE – Moi, mon père ? C'est que je joue ; et comme je suis fort heureux, je mets sur moi tout l'argent que je gagne.

395 HARPAGON – C'est fort mal fait. Si vous êtes heureux au jeu, vous en devriez profiter, et mettre à honnête intérêt[1] l'argent que vous gagnez, afin de le trouver un jour. Je voudrais bien savoir, sans parler du reste, à quoi servent tous ces rubans dont vous voilà lardé[2] depuis les pieds jusqu'à la tête,

400 et si une demi-douzaine d'aiguillettes[3] ne suffit pas pour attacher un haut-de-chausses ? Il est bien nécessaire d'employer de l'argent à des perruques, lorsque l'on peut porter des cheveux de son cru[4], qui ne coûtent rien. Je vais gager[5] qu'en perruques et rubans, il y a du moins[6] vingt pistoles ;

405 et vingt pistoles rapportent par année dix-huit livres six sols huit deniers, à ne les placer qu'au denier douze[7].

CLÉANTE – Vous avez raison.

HARPAGON – Laissons cela, et parlons d'autre affaire. Euh ? *(Bas, à part.)* Je crois qu'ils se font signe l'un à l'autre de me

410 voler ma bourse. *(Haut.)* Que veulent dire ces gestes-là ?

ÉLISE – Nous marchandons[8], mon frère et moi, à qui parlera le premier ; et nous avons tous deux quelque chose à vous dire.

HARPAGON – Et moi, j'ai quelque chose aussi à vous dire à

415 tous deux.

CLÉANTE – C'est de mariage, mon père, que nous désirons vous parler.

---

notes

1. *mettre à honnête intérêt :* placer à un taux intéressant.

2. *lardé :* couvert.

3. *aiguillettes :* lacets qui attachent le haut-de-chausses au pourpoint.

4. *des cheveux de son cru :* ses propres cheveux.

5. *gager :* parier.

6. *du moins :* au moins.

7. *placer au denier douze :* prendre un denier d'intérêt pour douze deniers placés (correspond à un taux de 8,3 %).

8. *nous marchandons :* nous hésitons.

HARPAGON – Et c'est de mariage aussi que je veux vous entretenir.

420 ÉLISE – Ah ! mon père !

HARPAGON – Pourquoi ce cri ? Est-ce le mot, ma fille, ou la chose, qui vous fait peur ?

CLÉANTE – Le mariage peut nous faire peur à tous deux, de la façon que vous pouvez l'entendre[1] ; et nous craignons
425 que nos sentiments ne soient pas d'accord avec votre choix.

HARPAGON – Un peu de patience. Ne vous alarmez point. Je sais ce qu'il vous faut à tous deux ; et vous n'aurez ni l'un ni l'autre aucun lieu de vous plaindre de tout ce que je
430 prétends faire. Et pour commencer par un bout : avez-vous vu, dites-moi, une jeune personne appelée Mariane, qui ne loge pas loin d'ici ?

CLÉANTE – Oui, mon père.

HARPAGON, *à Élise* – Et vous ?

435 ÉLISE – J'en ai ouï parler.

HARPAGON – Comment, mon fils, trouvez-vous cette fille ?

CLÉANTE – Une fort charmante personne.

HARPAGON – Sa physionomie ?

CLÉANTE – Toute honnête, et pleine d'esprit.

440 HARPAGON – Son air et sa manière ?

CLÉANTE – Admirables, sans doute.

HARPAGON – Ne croyez-vous pas qu'une fille comme cela mériterait assez que l'on songeât à elle ?

CLÉANTE – Oui, mon père.

---

note

1. *l'entendre* : le comprendre.

445 HARPAGON – Que ce serait un parti souhaitable ?

CLÉANTE – Très souhaitable.

HARPAGON – Qu'elle a toute la mine de faire un bon ménage[1] ?

CLÉANTE – Sans doute.

450 HARPAGON – Et qu'un mari aurait satisfaction avec elle ?

CLÉANTE – Assurément.

HARPAGON – Il y a une petite difficulté : c'est que j'ai peur qu'il n'y ait pas avec elle tout le bien qu'on pourrait prétendre.

455 CLÉANTE – Ah ! mon père, le bien n'est pas considérable[2], lorsqu'il est question d'épouser une honnête personne.

HARPAGON – Pardonnez-moi, pardonnez-moi. Mais ce qu'il y a à dire, c'est que si l'on n'y trouve pas tout le bien qu'on souhaite, on peut tâcher de regagner cela sur autre chose.

460 CLÉANTE – Cela s'entend[3].

HARPAGON – Enfin je suis bien aise de vous voir dans mes sentiments ; car son maintien honnête et sa douceur m'ont gagné l'âme, et je suis résolu de l'épouser, pourvu que j'y trouve quelque bien.

465 CLÉANTE – Euh ?

HARPAGON – Comment ?

CLÉANTE – Vous êtes résolu, dites-vous… ?

HARPAGON – D'épouser Mariane.

CLÉANTE – Qui, vous ? vous ?

---

notes

1. **faire un bon ménage :** bien tenir sa maison.

2. **pas considérable :** pas assez important pour être pris en considération.

3. **cela s'entend :** cela se comprend.

470 HARPAGON – Oui, moi, moi, moi. Que veut dire cela ?

CLÉANTE – Il m'a pris tout à coup un éblouissement, et je me retire d'ici.

HARPAGON – Cela ne sera rien. Allez vite boire dans la cuisine un grand verre d'eau claire. Voilà de mes damoiseaux
475 flouets[1], qui n'ont non plus de vigueur que[2] des poules. C'est là, ma fille, ce que j'ai résolu pour moi. Quant à ton frère, je lui destine une certaine veuve dont ce matin on m'est venu parler ; et pour toi, je te donne au seigneur Anselme.

480 ÉLISE – Au seigneur Anselme.

HARPAGON – Oui, un homme mûr, prudent et sage, qui n'a pas plus de cinquante ans, et dont on vante les grands biens.

ÉLISE, *elle fait une révérence* – Je ne veux point me marier, mon
485 père, s'il vous plaît.

HARPAGON, *il contrefait sa révérence* – Et moi, ma petite fille, ma mie[3], je veux que vous vous mariiez, s'il vous plaît.

ÉLISE – Je vous demande pardon, mon père.

HARPAGON – Je vous demande pardon, ma fille.

490 ÉLISE – Je suis très humble servante au seigneur Anselme ; mais, avec votre permission, je ne l'épouserai point.

HARPAGON – Je suis votre très humble valet ; mais, avec votre permission, vous l'épouserez dès ce soir.

ÉLISE – Dès ce soir ?

495 HARPAGON – Dès ce soir.

---

notes

1. *damoiseaux flouets :* jeunes gens fragiles.

2. *non plus… que :* pas plus… que.

3. *ma mie :* mon amie.

ÉLISE – Cela ne sera pas, mon père.

HARPAGON – Cela sera, ma fille.

ÉLISE – Non.

HARPAGON – Si.

500 ÉLISE – Non, vous dis-je.

HARPAGON – Si, vous dis-je.

ÉLISE – C'est une chose où[1] vous ne me réduirez point.

HARPAGON – C'est une chose où je te réduirai.

ÉLISE – Je me tuerai plutôt que d'épouser un tel mari.

505 HARPAGON – Tu ne te tueras point, et tu l'épouseras. Mais voyez quelle audace ! A-t-on jamais vu une fille parler de la sorte à son père ?

ÉLISE – Mais a-t-on jamais vu un père marier sa fille de la sorte ?

510 HARPAGON – C'est un parti où[2] il n'y a rien à redire ; et je gage que tout le monde approuvera mon choix.

ÉLISE – Et moi, je gage qu'il ne saurait être approuvé d'aucune personne raisonnable.

HARPAGON – Voilà Valère : veux-tu qu'entre nous deux
515 nous le fassions juge de cette affaire ?

ÉLISE – J'y consens.

HARPAGON – Te rendras-tu à son jugement ?

ÉLISE – Oui, j'en passerai par ce qu'il dira.

HARPAGON – Voilà qui est fait.

---

notes

1. où : à laquelle.   *2. où :* auquel.

Scène 5

VALÈRE, HARPAGON, ÉLISE

520 HARPAGON – Ici, Valère. Nous t'avons élu[1] pour nous dire qui a raison, de ma fille ou de moi.

VALÈRE – C'est vous, monsieur, sans contredit[2].

HARPAGON – Sais-tu bien de quoi nous parlons ?

VALÈRE – Non ; mais vous ne sauriez avoir tort, et vous êtes
525 toute raison.

HARPAGON – Je veux ce soir lui donner pour époux un homme aussi riche que sage ; et la coquine me dit au nez qu'elle se moque de le prendre[3]. Que dis-tu de cela ?

VALÈRE – Ce que j'en dis ?

530 HARPAGON – Oui.

VALÈRE – Eh, eh.

HARPAGON – Quoi ?

VALÈRE – Je dis que dans le fond je suis de votre sentiment ; et vous ne pouvez pas que vous n'ayez raison[4]. Mais aussi
535 n'a-t-elle pas tort tout à fait, et…

HARPAGON – Comment ? le seigneur Anselme est un parti considérable[5] ; c'est un gentilhomme qui est noble, doux, posé, sage, et fort accommodé[6], et auquel il ne reste aucun enfant de son premier mariage. Saurait-elle mieux
540 rencontrer ?

VALÈRE – Cela est vrai. Mais elle pourrait vous dire que c'est un peu précipiter les choses, et qu'il faudrait au moins

---

notes

1. élu : désigné.

2. sans contredit : sans aucun doute.

3. elle se moque de le prendre : elle n'en veut pas.

4. vous ne pouvez pas que vous n'ayez raison : il est impossible que vous n'ayez pas raison.

5. un parti considérable : un prétendant (au mariage) riche, de bonne condition sociale.

6. accommodé : riche.

quelque temps pour voir
si son inclination[1] pourra
545 s'accommoder avec…

HARPAGON – C'est une occasion
qu'il faut prendre vite
aux cheveux. Je trouve
ici un avantage
550 qu'ailleurs
je ne trouverais
pas, et il s'engage
à la prendre
sans dot[2].

555 VALÈRE – Sans dot ?

HARPAGON – Oui.

VALÈRE – Ah ! je ne dis
plus rien. Voyez-vous ?
voilà une raison tout à fait
560 convaincante ; il se faut rendre
à cela.

HARPAGON – C'est pour moi une épargne considérable.

VALÈRE – Assurément, cela ne reçoit point de contradiction[3]. Il est vrai que votre fille vous peut représenter[4] que
565 le mariage est une plus grande affaire qu'on ne peut croire,
qu'il y va d'être heureux ou malheureux toute sa vie ; et
qu'un engagement qui doit durer jusqu'à la mort ne se
doit jamais faire qu'avec de grandes précautions.

HARPAGON – Sans dot.

notes

1. **inclination :** sentiment.
2. **dot :** biens qu'une femme offre à son mari lors de son mariage.
3. **cela ne reçoit point de contradiction :** cela n'admet pas d'opposition.
4. **représenter :** objecter, répondre.

570 **VALÈRE** – Vous avez raison : voilà qui décide tout, cela s'entend. Il y a des gens qui pourraient vous dire qu'en de telles occasions l'inclination d'une fille est une chose sans doute où l'on doit avoir de l'égard[1] ; et que cette grande inégalité d'âge, d'humeur et de sentiments rend un mariage sujet à
575 des accidents très fâcheux.

HARPAGON – Sans dot.

VALÈRE – Ah ! il n'y a pas de réplique à cela : on le sait bien ; qui diantre peut aller là contre ? Ce n'est pas qu'il n'y ait quantité de pères qui aimeraient mieux ménager la satis-
580 faction de leurs filles que l'argent qu'ils pourraient donner ; qui ne les voudraient point sacrifier à l'intérêt, et chercheraient plus que toute autre chose à mettre dans un mariage cette douce conformité qui sans cesse y maintient l'honneur, la tranquillité et la joie, et que…

585 **HARPAGON** – Sans dot.

VALÈRE – Il est vrai : cela ferme la bouche à tout, SANS DOT. Le moyen de résister à une raison comme celle-là ?

HARPAGON, *il regarde vers le jardin* – *(À part.)* Ouais ! il me semble que j'entends un chien qui aboie. N'est-ce point
590 qu'on en voudrait à mon argent ? *(À Valère.)* Ne bougez, je reviens tout à l'heure. *Il sort.*

ÉLISE – Vous moquez-vous, Valère, de lui parler comme vous faites ?

VALÈRE – C'est pour ne point l'aigrir[2], et pour en venir
595 mieux à bout. Heurter de front ses sentiments est le moyen de tout gâter ; et il y a de certains esprits qu'il ne faut prendre qu'en biaisant[3], des tempéraments ennemis de

---

notes

1. *où l'on doit avoir de l'égard :* dont on doit tenir compte.

2. *l'aigrir :* l'agacer, l'énerver.

3. *biaisant :* rusant par l'emploi de moyens détournés.

toute résistance, des naturels rétifs[1], que la vérité fait cabrer[2], qui toujours se raidissent contre le droit chemin de

600 la raison, et qu'on ne mène qu'en tournant[3] où l'on veut les conduire. Faites semblant de consentir à ce qu'il veut, vous en viendrez mieux à vos fins, et…

ÉLISE – Mais ce mariage, Valère ?

VALÈRE – On cherchera des biais pour le rompre.

605 ÉLISE – Mais quelle invention trouver, s'il se doit conclure ce soir ?

VALÈRE – Il faut demander un délai, et feindre quelque maladie.

ÉLISE – Mais on découvrira la feinte, si l'on appelle des
610 médecins.

VALÈRE – Vous moquez-vous ? Y connaissent-ils quelque chose ? Allez, allez, vous pourrez avec eux avoir quel mal il vous plaira, ils vous trouveront des raisons pour vous dire d'où cela vient.

615 HARPAGON, *à part, en rentrant* – Ce n'est rien, Dieu merci.

VALÈRE – Enfin notre dernier recours, c'est que la fuite nous peut mettre à couvert de tout ; et si votre amour, belle Élise, est capable d'une fermeté… *(Il aperçoit Harpagon.)* Oui, il faut qu'une fille obéisse à son père. Il ne faut point
620 qu'elle regarde comme un mari est fait ; et lorsque la grande raison de SANS DOT s'y rencontre, elle doit être prête à prendre tout ce qu'on lui donne.

HARPAGON – Bon. Voilà bien parlé, cela.

notes

1. rétifs : récalcitrants, rebelles.

2. cabrer : se rebiffer, s'opposer.

3. en tournant : en utilisant des moyens détournés.

VALÈRE – Monsieur, je vous demande pardon si je m'emporte un peu, et prends la hardiesse de lui parler comme je fais.

HARPAGON – Comment ? J'en suis ravi, et je veux que tu prennes sur elle un pouvoir absolu. *(À Élise.)* Oui, tu as beau fuir. Je lui donne l'autorité que le Ciel me donne sur toi, et j'entends que tu fasses tout ce qu'il te dira.

VALÈRE – Après cela, résistez à mes remontrances. Monsieur, je vais la suivre, pour lui continuer les leçons que je lui faisais.

HARPAGON – Oui, tu m'obligeras[1]. Certes…

VALÈRE – Il est bon de lui tenir un peu la bride haute[2].

HARPAGON – Cela est vrai. Il faut…

VALÈRE – Ne vous mettez pas en peine. Je crois que j'en viendrai à bout.

HARPAGON – Fais, fais. Je m'en vais faire un petit tour en ville, et reviens tout à l'heure.

VALÈRE – Oui, l'argent est plus précieux que toutes les choses du monde, et vous devez rendre grâces au Ciel de l'honnête homme de père qu'il vous a donné. Il sait ce que c'est que de vivre. Lorsqu'on s'offre de prendre une fille sans dot, on ne doit point regarder plus avant. Tout est renfermé là-dedans, et SANS DOT tient lieu de beauté, de jeunesse et de naissance, d'honneur, de sagesse et de probité[3].

HARPAGON – Ah! le brave garçon! Voilà parlé comme un oracle[4]. Heureux qui peut avoir un domestique de la sorte!

notes

1. **tu m'obligeras :** tu me rendras service.

2. **lui tenir la bride haute :** la surveiller de près.

3. **probité :** honnêteté.

4. **oracle :** qui transmet les conseils des dieux.

Au fil du texte

QUE S'EST-IL PASSÉ ENTRE-TEMPS ?

1. De quelles décisions Harpagon informe-t-il ses enfants à la scène 4 ?

2. Comment Élise et Cléante réagissent-ils à ces décisions ?

3. Quelles sont les conséquences de ce coup de théâtre★ pour l'intrigue★ ?

LIRE L'IMAGE

4. Identifiez et décrivez les deux personnages représentés au premier plan de la gravure de la page 39.

5. Quels sentiments laissent transparaître l'expression des visages et les attitudes de ces deux personnages ?

6. Quelles répliques de la scène 4 pourraient servir de légende ?

coup de théâtre : événement inattendu qui modifie brutalement le cours de l'intrigue.

intrigue : action de la pièce qui se met en place à partir des relations entre les personnages.

AVEZ-VOUS BIEN LU ?

7. Pourquoi Élise et Harpagon font-ils appel à Valère ?

8. Qu'est-ce qui explique l'embarras de Valère ?

9. Harpagon a-t-il raison de penser que Valère est un « *brave garçon* » (ligne 648) ?

ÉTUDIER LA GRAMMAIRE (LIGNES 541 À 584)

10. Relevez dans cet extrait tous les verbes conjugués au conditionnel présent et donnez leur infinitif.

11. Qu'est-ce qui justifie l'emploi de ce mode ?

12. Quel est l'intérêt pour Valère d'utiliser ce procédé ?

ÉTUDIER L'ARGUMENTATION

13. Relevez les arguments★ fournis par Harpagon pour justifier son choix d'Anselme comme époux pour sa fille.

14. Relevez les arguments avancés par Valère.

15. Comment Valère réussit-il à ne pas s'opposer directement à Harpagon ?

arguments :
dans un propos argumentatif, raisons qui justifient l'idée que l'on défend.

ironie :
procédé qui consiste à faire comprendre le contraire de ce que l'on dit.

ÉTUDIER LE COMIQUE

16. Parmi les procédés comiques utilisés au cours de cette scène, relevez des exemples :
a) d'ironie★ ;
b) de répétition ;
c) de flatterie.

À VOS PLUMES !

17. Au cours de cette scène, deux conceptions du mariage s'opposent : le mariage d'amour et le mariage d'intérêt. Exposez votre conception du mariage en opposant, par exemple, mariage et union libre. Comme Valère, vous donnerez fictivement la parole à vos contradicteurs en introduisant leurs propos par des verbes conjugués au conditionnel présent.

MISE EN SCÈNE

18. Repérez dans la scène les passages où l'expression « *sans dot* » est prononcée par Harpagon et Valère.

19. Pour chaque cas, indiquez aux acteurs une expression du visage et un ton de réplique. Justifiez vos choix.

Cette gravure réalisée pour l'édition de 1863 (J. Staal d'après F. Delannoy) exprime toute la tyrannie qu'exerce l'Avare sur ses proches.

Scène 1

Cléante, La Flèche

CLÉANTE – Ah! traître que tu es, où t'es-tu donc allé fourrer ? Ne t'avais-je pas donné ordre…

LA FLÈCHE – Oui, monsieur, et je m'étais rendu ici pour vous attendre de pied ferme ; mais monsieur votre père, le plus malgracieux[1] des hommes, m'a chassé dehors malgré moi[2], et j'ai couru risque d'être battu.

CLÉANTE – Comment va notre affaire ? Les choses pressent plus que jamais ; et depuis que je ne t'ai vu, j'ai découvert que mon père est mon rival.

LA FLÈCHE – Votre père amoureux ?

CLÉANTE – Oui ; et j'ai eu toutes les peines du monde à lui cacher le trouble où cette nouvelle m'a mis.

notes

1. *malgracieux :* qui manque d'élégance.

2. *malgré moi :* contre mon gré, contre ma volonté.

La Flèche – Lui, se mêler d'aimer ! De quoi diable s'avise-t-il[1] ? Se moque-t-il du monde ? Et l'amour a-t-il été fait pour des gens bâtis comme lui ?

Cléante – Il a fallu, pour mes péchés[2], que cette passion lui soit venue en tête.

La Flèche – Mais par quelle raison lui faire un mystère de votre amour ?

Cléante – Pour lui donner moins de soupçon, et me conserver au besoin des ouvertures[3] plus aisées pour détourner ce mariage. Quelle réponse t'a-t-on faite ?

La Flèche – Ma foi ! monsieur, ceux qui empruntent sont bien malheureux ; et il faut essuyer[4] d'étranges choses lorsqu'on est réduit à passer, comme vous, par les mains des fesse-mathieux[5].

Cléante – L'affaire ne se fera point ?

La Flèche – Pardonnez-moi. Notre maître Simon, le courtier[6] qu'on nous a donné, homme agissant et plein de zèle, dit qu'il a fait rage pour vous[7] ; et il assure que votre seule physionomie lui a gagné le cœur.

Cléante – J'aurai les quinze mille francs que je demande ?

La Flèche – Oui ; mais à quelques petites conditions, qu'il faudra que vous acceptiez, si vous avez dessein[8] que les choses se fassent.

Cléante – T'a-t-il fait parler à celui qui doit prêter l'argent ?

notes

1. de quoi diable s'avise-t-il : qu'est-ce qui lui prend ? De quoi se mêle-t-il ?

2. pour mes péchés : pour me punir de mes péchés.

3. des ouvertures : des moyens d'action.

4. il faut essuyer : il faut subir.

5. fesse-mathieux : usuriers, avares.

6. courtier : agent, intermédiaire.

7. il a fait rage pour vous : il s'est donné beaucoup de mal.

8. si vous avez dessein : si votre but est.

LA FLÈCHE – Ah! vraiment, cela ne va pas de la sorte. Il apporte encore plus de soin à se cacher que vous, et ce sont des mystères bien plus grands que vous ne pensez. On ne veut point du tout dire son nom, et l'on doit aujourd'hui l'aboucher[1] avec vous, dans une maison empruntée, pour être instruit, par votre bouche, de votre bien et de votre famille ; et je ne doute point que le seul nom de votre père ne rende les choses faciles.

CLÉANTE – Et principalement notre mère étant morte, dont on ne peut m'ôter le bien.

LA FLÈCHE – Voici quelques articles qu'il a dictés lui-même à notre entremetteur, pour vous être montrés avant que de rien faire[2].

Supposé que le prêteur voie toutes ses sûretés[3], et que l'emprunteur soit majeur, et d'une famille où le bien soit ample, solide, assuré, clair, et net de tout embarras[4], on fera une bonne et exacte obligation[5] par-devant un notaire, le plus honnête homme qu'il se pourra, et qui, pour cet effet, sera choisi par le prêteur, auquel il importe le plus que l'acte soit dûment dressé.

CLÉANTE – Il n'y a rien à dire à cela.

LA FLÈCHE – *Le prêteur, pour ne charger sa conscience d'aucun scrupule, prétend ne donner son argent qu'au denier dix-huit[6].*

CLÉANTE – Au denier dix-huit ? Parbleu ! voilà qui est honnête. Il n'y a pas lieu de se plaindre.

LA FLÈCHE – Cela est vrai.

---

notes

1. aboucher : mettre en relation.

2. avant que de rien faire : avant toute action.

3. ses sûretés : ses garanties.

4. net de tout embarras : sans aucune dette.

5. obligation : reconnaissance de dette.

6. au denier dix-huit : un denier d'intérêt pour dix-huit prêtés (proche du taux légal : 5,5 %).

Mais comme ledit prêteur n'a pas chez lui la somme dont il est question, et que pour faire plaisir à l'emprunteur, il est contraint lui-même de l'emprunter d'un autre, sur le pied du denier cinq[1], il conviendra que ledit premier emprunteur paye cet intérêt, sans préjudice du reste[2], attendu que ce n'est que pour l'obliger que ledit prêteur s'engage à cet emprunt.

CLÉANTE – Comment diable ! quel Juif, quel Arabe[3] est-ce là ? C'est plus qu'au denier quatre[4].

LA FLÈCHE – Il est vrai : c'est ce que j'ai dit. Vous avez à voir là-dessus.

CLÉANTE – Que veux-tu que je voie ? J'ai besoin d'argent ; et il faut bien que je consente à tout.

LA FLÈCHE – C'est la réponse que j'ai faite.

CLÉANTE – Il y a encore quelque chose ?

LA FLÈCHE – Ce n'est plus qu'un petit article.

Des quinze mille francs qu'on demande, le prêteur ne pourra compter en argent que douze mille livres, et pour les mille écus restants, il faudra que l'emprunteur prenne les hardes, nippes et bijoux dont s'ensuit le mémoire[5], et que ledit prêteur a mis, de bonne foi, au plus modique[6] prix qu'il lui a été possible.

CLÉANTE – Que veut dire cela ?

LA FLÈCHE – Écoutez le mémoire.

Premièrement un lit de quatre pieds, à bandes de points de Hongrie[7], appliquées fort proprement[8] sur un drap de couleur d'olive, avec six chaises et la courte-pointe[9] de même ; le tout

---

notes

1. au denier cinq : 20 %.

2. sans préjudice du reste : sans parler des 20 % déjà dus.

3. quel Juif, quel Arabe : quel avare, quel tyran (expression injurieuse au XVIIᵉ siècle).

4. au denier quatre : 25 %.

5. hardes, nippes et bijoux dont s'ensuit le mémoire : vêtements, linges et bijoux dont la liste suit.

6. modique : faible.

7. points de Hongrie : points de broderie.

8. proprement : avec élégance.

9. courte-pointe : couverture, couvre-pieds.

bien conditionné[1], *et doublé d'un petit taffetas*[2] *changeant rouge et bleu.*

90 *Plus, un pavillon à queue*[3], *d'une bonne serge*[4] *d'Aumale rose-sèche, avec le mollet*[5] *et les franges de soie.*

CLÉANTE – Que veut-il que je fasse de cela ?

LA FLÈCHE – Attendez.

Plus, une tenture de tapisserie des amours de Gombaud et de
95 *Macée*[6].

Plus, une grande table de bois de noyer, à douze colonnes ou piliers tournés, qui se tire par les deux bouts, et garnie par le dessous de ses six escabelles[7].

CLÉANTE – Qu'ai-je affaire, morbleu… ?

100 LA FLÈCHE – Donnez-vous patience.

Plus, trois gros mousquets[8] *tout garnis de nacre*[9] *de perles, avec les trois fourchettes*[10] *assortissantes.*

Plus, un fourneau de brique, avec deux cornues[11], *et trois récipients, fort utiles à ceux qui sont curieux de distiller.*

105 CLÉANTE – J'enrage.

LA FLÈCHE – Doucement.

Plus, un luth[12] *de Bologne, garni de toutes ses cordes, ou peu s'en faut.*

---

notes

1. bien conditionné : en bon état.

2. taffetas : étoffe de soie.

3. pavillon à queue : garniture de lit en forme de tente du plafond au plancher.

4. serge : tissu de laine.

5. mollet : frange ornant les étoffes d'ameublement.

6. tenture de tapisserie des amours de Gombaud et de Macée : tapisserie de huit panneaux représentant une scène pastorale.

7. escabelles : escabeaux, au sens de « tabourets ».

8. mousquets : anciennes armes à feu portatives.

9. nacre : substance naturelle dont sont faites les perles.

10. fourchette : pique fourchue servant à supporter le lourd mousquet pour ajuster le tir.

11. cornues : récipients servant à distiller l'alcool.

12. luth : ancien instrument de musique à cordes pincées.

110 Plus, un trou-madame[1] et un damier, avec un jeu de l'oie renouvelé des Grecs, fort propres à passer le temps lorsque l'on n'a que
faire.

Plus, une peau d'un lézard, de trois pieds et demi, remplie de
foin, curiosité agréable pour pendre au plancher d'une chambre.

Le tout, ci-dessus mentionné, valant loyalement plus de quatre
115 mille cinq cents livres, et rabaissé à la valeur de mille écus, par la
discrétion[2] du prêteur.

CLÉANTE – Que la peste l'étouffe avec sa discrétion, le
traître, le bourreau qu'il est ! A-t-on jamais parlé d'une
usure[3] semblable ? Et n'est-il pas content du furieux inté-
120 rêt qu'il exige, sans vouloir encore m'obliger à prendre
pour trois mille livres les vieux rogatons[4] qu'il ramasse ?
Je n'aurai pas deux cents écus de tout cela ; et cependant
il faut bien me résoudre à consentir à ce qu'il veut ; car il
est en état de me faire tout accepter, et il me tient, le scé-
125 lérat, le poignard sur la gorge.

LA FLÈCHE – Je vous vois, monsieur, ne vous en déplaise,
dans le grand chemin justement que tenait Panurge[5]
pour se ruiner, prenant argent d'avance, achetant cher,
vendant à bon marché, et mangeant son blé en herbe[6].

130 CLÉANTE – Que veux-tu que j'y fasse ? Voilà où les jeunes
gens sont réduits par la maudite avarice des pères ; et on
s'étonne après cela que les fils souhaitent qu'ils meurent.

---

notes

1. **un trou-madame :** un genre de billard consistant à faire rouler treize petites boules dans autant de trous.

2. **discrétion :** modération, retenue.

3. **usure :** prise d'intérêt à taux trop fort.

4. **rogatons :** objets sans valeur.

5. **Panurge :** personnage de *Pantagruel*, œuvre de Rabelais.

6. **mangeant son blé en herbe :** dépensant son argent avant de l'avoir gagné (métaphore).

LA FLÈCHE – Il faut avouer que le vôtre animerait contre sa vilanie[1] le plus posé homme du monde. Je n'ai pas, Dieu merci, les inclinations fort patibulaires[2], et parmi mes confrères que je vois se mêler de beaucoup de petits commerces, je sais tirer adroitement mon épingle du jeu, et me démêler prudemment de toutes les galanteries[3] qui sentent tant soit peu l'échelle[4]; mais, à vous dire vrai, il me donnerait, par ses procédés, des tentations de le voler; et je croirais, en le volant, faire une action méritoire[5].

CLÉANTE – Donne-moi un peu ce mémoire, que je le voie encore.

Scène 2

MAÎTRE SIMON, HARPAGON, CLÉANTE, LA FLÈCHE

MAÎTRE SIMON – Oui, monsieur, c'est un jeune homme qui a besoin d'argent. Ses affaires le pressent d'en trouver, et il en passera par tout ce que vous en prescrirez.

HARPAGON – Mais croyez-vous, maître Simon, qu'il n'y ait rien à péricliter[6]? et savez-vous le nom, les biens, et la famille de celui pour qui vous parlez?

MAÎTRE SIMON – Non, je ne puis pas bien vous en instruire à fond, et ce n'est que par aventure que l'on m'a adressé à lui; mais vous serez de toutes choses éclairci par lui-même;

notes

1. *sa vilanie :* son avarice.
2. *les inclinations fort patibulaires :* des tendances louches et malhonnêtes.
3. *les galanteries :* les intrigues pas très honnêtes.
4. *l'échelle :* l'échelle du gibet, c'est-à-dire la pendaison.
5. *une action méritoire :* une bonne action.
6. *qu'il n'y ait rien à péricliter :* qu'il n'y ait aucun risque à courir.

et son homme[1] m'a assuré que vous serez content, quand vous le connaîtrez. Tout ce que je saurais vous dire, c'est
155 que sa famille est fort riche, qu'il n'a plus de mère déjà, et qu'il s'obligera[2], si vous voulez, que son père mourra avant qu'il soit huit mois.

HARPAGON – C'est quelque chose que cela. La charité, maître Simon, nous oblige à faire plaisir aux personnes,
160 lorsque nous le pouvons.

MAÎTRE SIMON – Cela s'entend[3].

LA FLÈCHE, *bas à Cléante* – Que veut dire ceci ? Notre maître Simon qui parle à votre père.

CLÉANTE – Lui aurait-on appris qui je suis ? et serais-tu pour
165 nous trahir[4] ?

MAÎTRE SIMON – Ah ! ah ! vous êtes bien pressés ! Qui vous a dit que c'était céans[5] ? *(À Harpagon.)* Ce n'est pas moi, monsieur, au moins, qui leur ai découvert votre nom et votre logis : mais, à mon avis, il n'y a pas grand mal à cela.
170 Ce sont des personnes discrètes, et vous pouvez ici vous expliquer ensemble.

HARPAGON – Comment ?

MAÎTRE SIMON – Monsieur est la personne qui veut vous emprunter les quinze mille livres dont je vous ai parlé.

175 HARPAGON – Comment, pendard ! c'est toi qui t'abandonnes à ces coupables extrémités[6] ?

---

notes

1. son homme : son agent, son mandataire.

2. il s'obligera : il s'engagera à.

3. cela s'entend : c'est évident.

4. serais-tu pour nous trahir ? : nous trahirais-tu ?

5. c'était céans : c'était ici, dans la maison.

6. ces coupables extrémités : il s'agit des emprunts, actes des plus punissables pour Harpagon.

CLÉANTE – Comment mon père ? c'est vous qui vous portez à ces honteuses actions ?
Maître Simon et La Flèche sortent.

180 HARPAGON – C'est toi qui te veux ruiner par des emprunts si condamnables ?

CLÉANTE – C'est vous qui cherchez à vous enrichir par des usures si criminelles ?

HARPAGON – Oses-tu bien, après cela, paraître devant moi ?

185 CLÉANTE – Osez-vous bien, après cela, vous présenter aux yeux du monde ?

Louis de Funès fait partie des interprètes qui ont immortalisé le personnage d'Harpagon. Célèbre pour son jeu de mimiques, il exprime ici la fureur de l'Avare face à son fils, emprunteur.

HARPAGON – N'as-tu point de honte, dis-moi, d'en venir à ces débauches-là ? de te précipiter dans des dépenses effroyables ? et de faire une honteuse dissipation[1] du bien que tes parents t'ont amassé avec tant de sueurs ?

190

CLÉANTE – Ne rougissez-vous point de déshonorer votre condition par les commerces que vous faites ? de sacrifier gloire[2] et réputation au désir insatiable[3] d'entasser écu sur écu, et de renchérir[4], en fait d'intérêts, sur les plus infâmes subtilités qu'aient jamais inventées les plus célèbres usuriers ?

195

HARPAGON – Ôte-toi de mes yeux, coquin ! ôte-toi de mes yeux !

CLÉANTE – Qui est plus criminel, à votre avis, ou celui qui achète un argent dont il a besoin, ou bien celui qui vole un argent dont il n'a que faire ?

200

HARPAGON – Retire-toi, te dis-je, et ne m'échauffe pas les oreilles. *(Seul.)* Je ne suis pas fâché de cette aventure ; et ce m'est un avis de tenir l'œil, plus que jamais, sur toutes ses actions.

205

---

notes

1. dissipation : dispersion des biens par la dépense.

2. gloire : bonne renommée.

3. insatiable : qu'on ne peut jamais satisfaire.

4. renchérir : rajouter, faire plus.

Au fil du texte

QUE S'EST-IL PASSÉ ENTRE-TEMPS ?

1. Pourquoi Cléante a-t-il un besoin urgent d'argent ?

2. Quelles sont les modalités du prêt qui lui est consenti ?

3. Le spectateur peut-il deviner le nom du prêteur ? Pourquoi ?

LIRE L'IMAGE

4. Décrivez cette gravure en montrant comment l'argent et la richesse sont mis en valeur.

5. À quels personnages et à quelle situation de *L'Avare* cette gravure fait-elle référence ?

6. Imaginez une légende ou un titre évoquant cette situation et ces personnages.

L'usurier (gravure de Le Plautre).

Avez-vous bien lu ?

7. Quel est le rôle de maître Simon ?

8. Pourquoi Harpagon et Cléante se disputent-ils ?

9. Comment la dispute se termine-t-elle ?

Étudier la syntaxe* et le vocabulaire (lignes 175 à 198)

10. Étudiez le parallélisme* des répliques* en relevant les points communs pour deux répliques consécutives.

11. Quel est l'effet produit par ce procédé ?

12. Relevez le champ lexical* qui fait référence à une conduite inacceptable.

13. Que peut-on en déduire quant au caractère des deux personnages ?

14. À qui donnez-vous raison ? Pourquoi ?

Étudier l'argumentation

15. Relevez l'argument* important de chacun des deux interlocuteurs.

16. Citez deux exemples révélateurs du cynisme* d'Harpagon et de Cléante.

17. Quels traits de caractère cette scène confirme-t-elle pour les deux personnages ?

À vos plumes !

18. Rédigez un dialogue au cours duquel une vive discussion vous oppose à votre interlocuteur à propos d'un désaccord dont vous choisirez le sujet. Vous insérerez dans votre texte des répliques aux constructions syntaxiques parallèles.

syntaxe : ensemble des règles qui permettent de construire correctement les phrases.

parallélisme : phrases construites selon des éléments syntaxiques communs.

répliques : paroles prononcées par les personnages.

champ lexical : ensemble des termes qui renvoient à un même sujet.

argument : dans un propos argumentatif, raison qui justifie l'idée que l'on défend.

cynisme : attitude qui consiste à exprimer brutalement son mépris à l'encontre des conventions morales et sociales.

Scène 3

FROSINE – Monsieur…

HARPAGON – Attendez un moment ; je vais revenir vous parler. *(À part.)* Il est à propos que je fasse un petit tour à mon argent.

Scène 4

210 LA FLÈCHE – L'aventure est tout à fait drôle. Il faut bien qu'il ait quelque part un ample magasin de hardes ; car nous n'avons rien reconnu au mémoire que nous avons.

FROSINE – Hé ! c'est toi, mon pauvre La Flèche. D'où vient cette rencontre ?

215 LA FLÈCHE – Ah ! ah ! c'est toi, Frosine. Que viens-tu faire ici ?

FROSINE – Ce que je fais partout ailleurs : m'entremettre d'affaires[1], me rendre serviable aux gens, et profiter du mieux qu'il m'est possible des petits talents que je puis
220 avoir. Tu sais que dans ce monde il faut vivre d'adresse[2], et qu'aux personnes comme moi le Ciel n'a donné d'autres rentes[3] que l'intrigue et que l'industrie[4].

LA FLÈCHE – As-tu quelque négoce[5] avec le patron du logis ?

FROSINE – Oui, je traite pour lui quelque petite affaire, dont
225 j'espère une récompense.

---

notes

1. entremettre d'affaires : servir d'intermédiaire.

2. il faut vivre d'adresse : il faut ruser, être habile.

3. rentes : qualités, dons (métaphore).

4. l'intrigue et l'industrie : la cachotterie et la ruse.

5. négoce : affaires, commerce.

LA FLÈCHE – De lui ? Ah, ma foi ! tu seras bien fine si tu en tires quelque chose ; et je te donne avis que l'argent céans est fort cher.

FROSINE – Il y a de certains services qui touchent mer-
230 veilleusement[1].

LA FLÈCHE – Je suis votre valet[2], et tu ne connais pas encore le seigneur Harpagon. Le seigneur Harpagon est de tous les humains l'humain le moins humain, le mortel de tous les mortels le plus dur et le plus serré. Il n'est point de ser-
235 vice qui pousse sa reconnaissance jusqu'à lui faire ouvrir les mains. De la louange, de l'estime, de la bienveillance en paroles, et de l'amitié tant qu'il vous plaira ; mais de l'argent, point d'affaires[3]. Il n'est rien de plus sec et de plus aride que ses bonnes grâces et ses caresses ; et *donner* est un
240 mot pour qui il a tant d'aversion[4], qu'il ne dit jamais : *Je vous donne*, mais : *Je vous prête le bonjour.*

FROSINE – Mon Dieu ! je sais l'art de traire les hommes[5] ; j'ai le secret de m'ouvrir leur tendresse, de chatouiller leurs cœurs, de trouver les endroits par où ils sont sensibles.

245 LA FLÈCHE – Bagatelles[6] ici. Je te défie d'attendrir, du côté de l'argent, l'homme dont il est question. Il est Turc[7], là-dessus, mais d'une turquerie à désespérer tout le monde ; et l'on pourrait crever, qu'il n'en branlerait[8] pas. En un mot, il aime l'argent plus que réputation, qu'honneur et
250 que vertu ; et la vue d'un demandeur lui donne des

notes

1. touchent merveilleusement : sont très rentables.

2. je suis votre valet : formule de refus polie et ironique.

3. point d'affaires : sûrement pas.

4. aversion : haine, horreur.

5. traire les hommes : les flatter pour leur soutirer de l'argent.

6. bagatelles : futilités, qualités dérisoires et inutiles.

7. Turc : insensible comme un Turc, réputé particulièrement cruel, à l'époque.

8. branlerait : bougerait.

convulsions. C'est le frapper par son endroit mortel, c'est lui percer le cœur, c'est lui arracher les entrailles ; et si… Mais il revient ; je me retire.

Scène 5 HARPAGON, FROSINE

HARPAGON, *à part* – Tout va comme il faut. *(Haut.)* Hé bien ! qu'est-ce, Frosine ?

FROSINE – Ah, mon Dieu ! que vous vous portez bien ! et que vous avez là un vrai visage de santé !

HARPAGON – Qui, moi ?

FROSINE – Jamais je ne vous vis un teint si frais et si gaillard.

HARPAGON – Tout de bon !

FROSINE – Comment ? vous n'avez de votre vie été si jeune que vous êtes ; et je vois des gens de vingt-cinq ans qui sont plus vieux que vous.

HARPAGON – Cependant, Frosine, j'en ai soixante bien comptés.

FROSINE – Hé bien ! qu'est-ce que cela, soixante ans ? Voilà bien de quoi[1] ! C'est la fleur de l'âge cela, et vous entrez maintenant dans la belle saison de l'homme.

HARPAGON – Il est vrai ; mais vingt années de moins pourtant ne me feraient point de mal, que je crois.

FROSINE – Vous moquez-vous ? Vous n'avez pas besoin de cela, et vous êtes d'une pâte à vivre jusques à cent ans.

HARPAGON – Tu le crois ?

note
----
1. voilà bien de quoi : il n'y a pas de quoi s'inquiéter.

FROSINE – Assurément. Vous en avez toutes les marques.
275   Tenez-vous un peu. Oh! que voilà bien là, entre vos deux
yeux, un signe de longue vie!

HARPAGON – Tu te connais à cela?

FROSINE – Sans doute. Montrez-moi votre main. Ah, mon
Dieu! quelle ligne de vie!

280   **HARPAGON** – Comment?

FROSINE – Ne voyez-vous pas jusqu'où va cette ligne-là?

HARPAGON – Hé bien! qu'est-ce que cela veut dire?

FROSINE – Par ma foi! je disais cent ans, mais vous passerez
les six-vingts[1].

285   **HARPAGON** – Est-il possible?

FROSINE – Il faudra vous assommer, vous dis-je; et vous met-
trez en terre et vos enfants, et les enfants de vos enfants.

HARPAGON – Tant mieux. Comment va notre affaire?

FROSINE – Faut-il le demander? et me voit-on mêler de rien
290   dont je ne vienne à bout? J'ai surtout pour les mariages
un talent merveilleux; il n'est point de partis au monde
que je ne trouve en peu de temps le moyen d'accoupler;
et je crois, si je me l'étais mis en tête, que je marierais le
Grand Turc[2] avec la République de Venise. Il n'y avait pas
295   sans doute de si grandes difficultés à cette affaire-ci.
Comme j'ai commerce chez elles[3], je les ai à fond l'une et
l'autre entretenues de vous, et j'ai dit à la mère le dessein
que vous aviez conçu pour Mariane, à la voir passer dans
la rue, et prendre l'air à sa fenêtre.

300   **HARPAGON** – Qui a fait réponse…

notes

---

1. six-vingts : cent vingt ans
(6 × 20).

2. le Grand Turc : l'ennemi de
la République de Venise.

3. j'ai commerce chez elles : je
suis en relation avec elles.

FROSINE – Elle a reçu la proposition avec joie ; et quand je lui ai témoigné que vous souhaitiez fort que sa fille assistât ce soir au contrat de mariage qui se doit faire de la vôtre, elle y a consenti sans peine, et me l'a confiée pour cela.

305 HARPAGON – C'est que je suis obligé, Frosine, de donner à souper au seigneur Anselme ; et je serai bien aise qu'elle soit du régale[1].

FROSINE – Vous avez raison. Elle doit après dîné rendre visite à votre fille, d'où elle fait son compte[2] d'aller faire un tour
310 à la foire, pour venir ensuite au souper.

HARPAGON – Hé bien ! elles iront ensemble dans mon carrosse, que je leur prêterai.

FROSINE – Voilà justement son affaire.

HARPAGON – Mais, Frosine, as-tu entretenu la mère touchant
315 le bien qu'elle peut donner à sa fille ? Lui as-tu dit qu'il fallait qu'elle s'aidât un peu, qu'elle fît quelque effort, qu'elle se saignât pour une occasion comme celle-ci ? Car encore n'épouse-t-on point une fille, sans qu'elle apporte quelque chose.

320 FROSINE – Comment ? c'est une fille qui vous apportera douze mille livres de rente.

HARPAGON – Douze mille livres de rente !

FROSINE – Oui. Premièrement, elle est nourrie et élevée dans une grande épargne de bouche[3] ; c'est une fille accoutu-
325 mée à vivre de salade, de lait, de fromage et de pommes, et à laquelle par conséquent il ne faudra ni table bien servie, ni consommés exquis, ni orges mondés[4] perpétuels, ni les

notes

1. **régale :** bon repas.
2. **elle fait son compte :** elle envisage.

3. **une grande épargne de bouche :** une économie dans les dépenses de nourriture.

4. **orges mondés :** grains d'orge dépouillés de leur enveloppe et utilisés par les dames pour garder le teint frais.

autres délicatesses qu'il faudrait pour une autre femme ; et cela ne va pas à si peu de chose, qu'il ne monte bien, tous les ans, à trois mille francs pour le moins. Outre cela, elle n'est curieuse que d'une propreté fort simple[1], et n'aime point les superbes habits, ni les riches bijoux, ni les meubles somptueux, où donnent ses pareilles[2] avec tant de chaleur ; et cet article-là vaut plus de quatre mille livres par an. De plus, elle a une aversion horrible pour le jeu, ce qui n'est pas commun aux femmes d'aujourd'hui ; et j'en sais une de nos quartiers qui a perdu, à trente-et-quarante[3], vingt mille francs cette année. Mais n'en prenons rien que le quart. Cinq mille francs au jeu par an, et quatre mille francs en habits et bijoux, cela fait neuf mille livres ; et mille écus que nous mettons pour la nourriture, ne voilà-t-il pas par année vos douze mille francs bien comptés ?

HARPAGON – Oui, cela n'est pas mal ; mais ce compte-là n'est rien de réel.

FROSINE – Pardonnez-moi. N'est-ce pas quelque chose de réel, que de vous apporter en mariage une grande sobriété, l'héritage d'un grand amour de simplicité de parure, et l'acquisition d'un grand fonds de haine pour le jeu ?

HARPAGON – C'est une raillerie[4] que de vouloir me constituer son dot[5] de toutes les dépenses qu'elle ne fera point. Je n'irai pas donner quittance[6] de ce que je ne reçois pas ; et il faut bien que je touche quelque chose.

---

notes

1. *elle n'est curieuse que d'une propreté fort simple :* elle ne recherche pas l'élégance.

2. *ses pareilles :* ses semblables : les femmes.

3. *trente-et-quarante :* jeu de cartes (le joueur le plus proche de trente gagne).

4. *une raillerie :* une blague.

5. *son dot :* sa dot.

6. *quittance :* reçu.

FROSINE – Mon Dieu! vous toucherez assez; et elles m'ont parlé d'un certain pays où elles ont du bien dont vous serez le maître.

HARPAGON – Il faudra voir cela. Mais, Frosine, il y a encore une chose qui m'inquiète. La fille est jeune, comme tu vois; et les jeunes gens d'ordinaire n'aiment que leurs semblables, ne cherchent que leur compagnie. J'ai peur qu'un homme de mon âge ne soit pas de son goût; et que cela ne vienne à produire chez moi certains petits désordres qui ne m'accommoderaient pas[1].

FROSINE – Ah! que vous la connaissez mal! C'est encore une particularité que j'avais à vous dire. Elle a une aversion épouvantable pour tous les jeunes gens, et n'a de l'amour que pour les vieillards.

HARPAGON – Elle?

FROSINE – Oui, elle. Je voudrais que vous l'eussiez entendu parler là-dessus. Elle ne peut souffrir du tout la vue d'un jeune homme; mais elle n'est point plus ravie, dit-elle, que lorsqu'elle peut voir un beau vieillard avec une barbe majestueuse. Les plus vieux sont pour elle les plus charmants, et je vous avertis de n'aller pas vous faire plus jeune que vous êtes. Elle veut tout au moins qu'on soit sexagénaire; et il n'y a pas quatre mois encore, qu'étant prête d'être mariée[2], elle rompit tout net le mariage, sur ce que[3] son amant[4] fit voir qu'il n'avait que cinquante-six ans, et qu'il ne prit point de lunettes pour signer le contrat.

---

notes

1. *ne m'accommoderaient pas :* ne me conviendraient pas.

2. *étant prête d'être mariée :* étant sur le point de se marier.

3. *sur ce que :* parce que.

4. *son amant :* son prétendant.

HARPAGON – Sur cela seulement ?

380 FROSINE – Oui. Elle dit que ce n'est pas contentement pour elle que cinquante-six ans ; et surtout, elle est pour les nez qui portent des lunettes.

HARPAGON – Certes, tu me dis là une chose toute nouvelle.

FROSINE – Cela va plus loin qu'on ne vous peut dire. On lui
385 voit dans sa chambre quelques tableaux et quelques estampes ; mais que pensez-vous que ce soit ? Des Adonis[1] ? des Céphales[2], des Pâris[3] ? et des Apollons[4] ? Non : de beaux portraits de Saturne[5], du roi Priam[6], du vieux Nestor[7], et du bon père Anchise[8] sur les épaules de
390 son fils.

HARPAGON – Cela est admirable ! Voilà ce que je n'aurais jamais pensé ; et je suis bien aise d'apprendre qu'elle est de cette humeur. En effet, si j'avais été femme, je n'aurais point aimé les jeunes hommes.

395 FROSINE – Je le crois bien. Voilà de belles drogues[9] que des jeunes gens, pour les aimer ! Ce sont de beaux morveux, de beaux godelureaux[10], pour donner envie de leur peau ; et je voudrais bien savoir quel ragoût[11] il y a à eux.

HARPAGON – Pour moi, je n'y en comprends point ; et je ne
400 sais pas comment il y a des femmes qui les aiment tant.

---

notes

1. Adonis : dieu de la végétation et du printemps.

2. Céphale : célèbre pour sa beauté.

3. Pâris : fils de Priam qui enleva Hélène et provoqua la guerre de Troie.

4. Apollon : dieu du jour et de la poésie, d'une beauté parfaite.

5. Saturne : vieillard, père de Jupiter.

6. Priam : vieux roi de Troie.

7. Nestor : vieux chef grec respecté pour son grand âge et sa sagesse.

8. Anchise : père d'Énée qui fut emporté par son fils sur ses épaules pour fuir Troie en feu.

9. belles drogues : mauvaises boissons.

10. godelureaux : jeunes hommes élégants et fats.

11. quel ragoût : quel agrément, quel plaisir.

FROSINE – Il faut être folle fieffée[1]. Trouver la jeunesse aimable ! est-ce avoir le sens commun ? Sont-ce des hommes que de jeunes blondins ? et peut-on s'attacher à ces animaux-là ?

405 HARPAGON – C'est ce que je dis tous les jours : avec leur ton de poule laitée[2], et leurs trois petits brins de barbe relevés en barbe de chat, leurs perruques d'étoupes[3], leurs hauts-de-chausses tout tombants, et leurs estomacs débraillés[4].

FROSINE – Eh ! cela est bien bâti, auprès d'une personne
410 comme vous. Voilà un homme cela. Il y a là de quoi satisfaire à la vue ; et c'est ainsi qu'il faut être fait, et vêtu, pour donner de l'amour.

HARPAGON – Tu me trouves bien ?

FROSINE – Comment ? vous êtes à ravir, et votre figure est à
415 peindre. Tournez-vous un peu, s'il vous plaît. Il ne se peut pas mieux. Que je vous voie marcher. Voilà un corps taillé, libre, et dégagé comme il faut, et qui ne marque aucune incommodité[5].

HARPAGON – Je n'en ai pas de grandes, Dieu merci. Il n'y a
420 que ma fluxion[6], qui me prend de temps en temps.

FROSINE – Cela n'est rien. Votre fluxion ne vous sied point mal, et vous avez grâce à tousser.

HARPAGON – Dis-moi un peu : Mariane ne m'a-t-elle point encore vu ? N'a-t-elle point pris garde à moi en passant ?

---

notes

1. folle fieffée : complètement folle.

2. poule laitée : expression moqueuse pour un homme lâche et sot.

3. perruques d'étoupes : blondes comme de l'étoupe, c'est-à-dire de la filasse.

4. estomacs débraillés : chemise bouffante au-dessus de la ceinture.

5. incommodité : maladie, infirmité.

6. fluxion : congestion pulmonaire qui provoque la toux.

425 FROSINE – Non ; mais nous nous sommes fort entretenues de vous. Je lui ai fait un portrait de votre personne ; et je n'ai pas manqué de lui vanter votre mérite, et l'avantage que ce lui serait d'avoir un mari comme vous.

HARPAGON – Tu as bien fait, et je t'en remercie.

430 FROSINE – J'aurais, monsieur, une petite prière à vous faire. *(Il prend un air sévère.)* J'ai un procès que je suis sur le point de perdre, faute d'un peu d'argent ; et vous pourriez facilement me procurer le gain de ce procès, si vous aviez quelque bonté pour moi. Vous ne sauriez croire le plaisir

435 qu'elle aura de vous voir. *(Il prend un air gai.)* Ah ! que vous lui plairez ! et que votre fraise à l'antique[1] fera sur son esprit un effet admirable ! Mais surtout elle sera charmée de votre haut-de-chausses, attaché au pourpoint[2] avec des aiguillettes[3] : c'est pour la rendre folle de vous ; et un amant

440 aiguilleté sera pour elle un ragoût merveilleux.

HARPAGON – Certes, tu me ravis de me dire cela.

FROSINE – En vérité, monsieur, ce procès m'est d'une conséquence[4] tout à fait grande. *(Il reprend un visage sévère.)* Je suis ruinée, si je le perds ; et quelque petite assistance[5] me réta-

445 blirait mes affaires. Je voudrais que vous eussiez vu le ravissement où elle était à m'entendre parler de vous. *(Il reprend un air gai.)* La joie éclatait dans ses yeux, au récit de vos qualités ; et je l'ai mise enfin dans une impatience extrême de voir ce mariage entièrement conclu.

notes

1. *fraise à l'antique :* collerette de toile démodée.

2. *pourpoint :* partie d'un vêtement d'homme couvrant le torse jusqu'au-dessous de la ceinture.

3. *aiguillettes :* cordons utilisés pour fermer un vêtement.

4. *conséquence :* importance.

5. *assistance :* aide.

450 HARPAGON – Tu m'as fait grand plaisir Frosine ; et je t'en ai, je te l'avoue, toutes les obligations[1] du monde.

FROSINE – Je vous prie, monsieur, de me donner le petit secours que je vous demande. *(Il reprend son air sérieux.)* Cela me remettra sur pied, et je vous en serai éternelle-
455 ment obligée.

HARPAGON – Adieu. Je vais achever mes dépêches[2].

FROSINE – Je vous assure, monsieur, que vous ne sauriez jamais me soulager dans un plus grand besoin.

HARPAGON – Je mettrai ordre que mon carrosse soit tout prêt
460 pour vous mener à la foire.

FROSINE – Je ne vous importunerais pas, si je ne m'y voyais forcée par la nécessité.

HARPAGON – Et j'aurai soin qu'on soupe de bonne heure, pour ne vous point faire malades.

465 FROSINE – Ne me refusez pas la grâce dont je vous sollicite[3]. Vous ne sauriez croire, monsieur, le plaisir que…

HARPAGON – Je m'en vais. Voilà qu'on m'appelle. Jusqu'à tan-tôt[4].

FROSINE, *seule* – Que la fièvre te serre[5], chien de vilain à tous
470 les diables ! Le ladre[6] a été ferme à toutes mes attaques ; mais il ne me faut pas pourtant quitter la négociation ; et j'ai l'autre côté[7], en tout cas, d'où je suis assurée de tirer bonne récompense.

---

notes

1. **obligations :** reconnaissances, gratitudes.

2. **dépêches :** lettres d'affaires.

3. **la grâce dont je vous sollicite :** le service que je vous demande.

4. **jusqu'à tantôt :** à tout à l'heure.

5. **te serre :** t'étrangle.

6. **le ladre :** l'avare.

7. **l'autre côté :** une autre solution.

Au fil du texte

QUE S'EST-IL PASSÉ ENTRE-TEMPS ?

1. Pourquoi Harpagon doit-il s'absenter à la scène 3 ?

2. Qui est Frosine ? Quel est son rôle ?

3. Sur quoi La Flèche met-il Frosine en garde à propos d'Harpagon ?

AVEZ-VOUS BIEN LU ?

4. Délimitez et titrez les trois grandes parties de cette scène.

5. Énumérez les inquiétudes d'Harpagon à propos de son mariage avec Mariane.

6. Comment Frosine parvient-elle à le rassurer ?

répliques : paroles prononcées par les personnages.

ÉTUDIER LE VOCABULAIRE (LIGNES 254 À 287)

7. Relevez le vocabulaire de la jeunesse et de la santé dans les répliques* de Frosine.

8. Relevez les éléments qui soulignent l'âge avancé d'Harpagon.

9. Quels peuvent être, pour le spectateur, les effets d'un tel contraste ?

ÉTUDIER LE PORTRAIT DE MARIANE (LIGNES 323 À 342)

10. Quelles sont, dans ce passage, les trois qualités de Mariane d'après Frosine ?

Catherine Jacob en Frosine et Jacques Sereys en Harpagon dans une mise en scène très « actuelle » de Jérôme Savary (1999).

11. Comment ce portrait est-il construit (parties, mots de liaison*, vocabulaire…) ?

12. Au travers de ce portrait, quelles intentions de Frosine voit-on se dégager ?

ÉTUDIER LE COMIQUE

13. Relevez, dans cette scène, quelques exemples d'éléments comiques reposant sur :

a) des jeux d'opposition ;

b) des types de caractère ;

c) des jeux de scène (mimiques, mouvements, gestes…).

À VOS PLUMES !

14. Rédigez un portrait moral flatteur d'un(e) de vos ami(e)s. Vous composerez ce portrait à partir de trois qualités principales que vous prendrez soin d'introduire à l'aide de mots de liaison appropriés.

MISE EN SCÈNE

15. Pendant que deux de vos camarades lisent l'extrait des lignes 430 à 455, jouez les mimiques d'Harpagon.

LIRE L'IMAGE

16. Identifiez les deux personnages de la photographie ci-contre, puis décrivez l'expression de leurs visages en imaginant leurs sentiments.

17. Relevez les didascalies* de la scène qui correspondent à l'attitude d'Harpagon.

18. Quelle est la cause de cette attitude ?

19. Comment le tempérament de ces deux personnages transparaît-il au travers de leur costume, leur coiffure ou leur maquillage ?

mots de liaison : mots utilisés pour relier des idées, des arguments, des rapports logiques de cause, de but, de conséquence afin de donner plus de cohérence au texte (*ex. :* d'abord, ensuite, par ailleurs, enfin, surtout…).

didascalies : indications écrites par l'auteur pour la mise en scène.

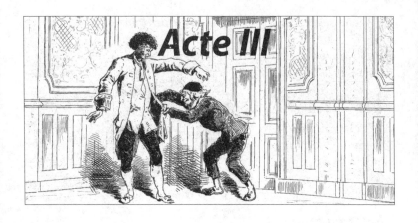

Acte III

HARPAGON, CLÉANTE, ÉLISE,
VALÈRE, DAME CLAUDE,
MAÎTRE JACQUES, BRINDAVOINE,
LA MERLUCHE

Scène 1

HARPAGON – Allons, venez çà[1] tous, que je vous distribue
mes ordres pour tantôt et règle à chacun son emploi.
Approchez, dame Claude. Commençons par vous. *(Elle
tient un balai.)* Bon, vous voilà les armes à la main. Je
5 vous commets au soin[2] de nettoyer partout ; et surtout
prenez garde de ne point frotter les meubles trop fort,
de peur de les user. Outre cela, je vous constitue, pendant le souper, au gouvernement des bouteilles[3] ; et s'il
s'en écarte quelqu'une et qu'il se casse quelque chose,
10 je m'en prendrai à vous, et le rabattrai sur vos gages[4].

notes

1. *venez çà :* venez ici.
2. *je vous commets au soin :*
je vous confie le soin.
3. *gouvernement des
bouteilles :* responsabilité
des boissons.
4. *le rabattrai sur vos gages :*
le retirerai de votre salaire.

MAÎTRE JACQUES, *à part* – Châtiment politique[1].

HARPAGON – Allez. Vous, Brindavoine, et vous, la Merluche, je vous établis dans la charge de rincer les verres, et de donner à boire, mais seulement lorsque l'on aura soif, et non pas selon la coutume de certains impertinents de laquais qui viennent provoquer les gens, et les faire aviser de[2] boire lorsqu'on n'y songe pas. Attendez qu'on vous en demande plus d'une fois, et vous ressouvenez[3] de porter toujours beaucoup d'eau.

MAÎTRE JACQUES, *à part* – Oui : le vin pur monte à la tête.

LA MERLUCHE – Quitterons-nous nos siquenilles[4], monsieur ?

HARPAGON – Oui, quand vous verrez venir les personnes ; et gardez bien de gâter[5] vos habits.

BRINDAVOINE – Vous savez bien, monsieur, qu'un des devants de mon pourpoint est couvert d'une grande tache de l'huile de la lampe.

LA MERLUCHE – Et moi, monsieur, que j'ai mon haut-de-chausses tout troué par-derrière, et qu'on me voit, révérence parler[6]…

HARPAGON – Paix. Rangez cela adroitement du côté de la muraille, et présentez toujours le devant au monde. *(Harpagon met son chapeau au-devant de son pourpoint pour montrer à Brindavoine comment il doit faire pour cacher la tache d'huile.)* Et vous, tenez toujours votre chapeau ainsi, lorsque vous servirez. Pour vous, ma fille, vous aurez l'œil

---

notes

1. **châtiment politique :** punition qui profite à Harpagon.

2. **les faire aviser de :** les inciter à.

3. **vous ressouvenez :** n'oubliez pas.

4. **siquenilles :** vêtements de toile qui protègent la livrée des valets.

5. **gâter :** abîmer.

6. **révérence parler :** avec tout le respect que je vous dois.

sur ce que l'on desservira, et prendrez garde qu'il ne s'en fasse aucun dégât[1]. Cela sied bien aux filles. Mais cependant préparez-vous à bien recevoir ma maîtresse[2], qui vous
40 doit venir visiter et vous mener avec elle à la foire. Entendez-vous ce que je vous dis ?

ÉLISE – Oui, mon père.

HARPAGON – Et vous, mon fils le Damoiseau, à qui j'ai la bonté de pardonner l'histoire de tantôt, ne vous allez pas
45 aviser non plus de lui faire mauvais visage.

CLÉANTE – Moi ! mon père, mauvais visage ? Et par quelle raison ?

HARPAGON – Mon Dieu ! nous savons le train[3] des enfants dont les pères se remarient, et de quel œil ils ont coutume
50 de regarder ce qu'on appelle belle-mère. Mais si vous souhaitez que je perde le souvenir de votre dernière fredaine[4], je vous recommande surtout de régaler d'un bon visage[5] cette personne-là, et de lui faire enfin tout le meilleur accueil qu'il vous sera possible.

55 CLÉANTE – À vous dire le vrai, mon père, je ne puis pas vous promettre d'être bien aise qu'elle devienne ma belle-mère ; je mentirais, si je vous le disais ; mais pour ce qui est de la bien recevoir, et de lui faire bon visage, je vous promets de vous obéir ponctuellement sur ce chapitre.

60 HARPAGON – Prenez-y garde au moins.

CLÉANTE – Vous verrez que vous n'aurez pas sujet de vous en plaindre.

---

notes

1. *dégât :* gaspillage.
2. *ma maîtresse :* la jeune fille que je dois épouser.
3. *le train :* l'attitude.
4. *fredaine :* écart de conduite.
5. *régaler d'un bon visage :* bien accueillir.

HARPAGON – Vous ferez sagement. Valère, aide-moi à ceci. Ho çà, maître Jacques, approchez-vous, je vous ai gardé pour le dernier.

MAÎTRE JACQUES – Est-ce à votre cocher, monsieur, ou bien à votre cuisinier, que vous voulez parler ? car je suis l'un et l'autre.

HARPAGON – C'est à tous les deux.

MAÎTRE JACQUES – Mais à qui des deux le premier ?

HARPAGON – Au cuisinier.

MAÎTRE JACQUES – Attendez donc, s'il vous plaît.
Il ôte sa casaque de cocher et, paraît vêtu en cuisinier.

HARPAGON – Quelle diantre de cérémonie est-ce là ?

MAÎTRE JACQUES – Vous n'avez qu'à parler.

HARPAGON – Je me suis engagé, maître Jacques, à donner ce soir à souper[1].

Maître Jacques et ses deux costumes : celui de cuisinier et celui de cocher.

note
1. **souper :** dîner.

90 MAÎTRE JACQUES – Grande merveille !

HARPAGON – Dis-moi un peu, nous feras-tu bonne chère[1] ?

MAÎTRE JACQUES – Oui, si vous me donnez bien de l'argent.

HARPAGON – Que diable, toujours de l'argent ! Il semble
qu'ils n'aient autre chose à dire : « De l'argent, de l'argent,
95 de l'argent. » Ah ! ils n'ont que ce mot à la bouche : « De
l'argent. » Toujours parler d'argent. Voilà leur épée de chevet[2], de l'argent.

VALÈRE – Je n'ai jamais vu de réponse plus impertinente que
celle-là. Voilà une belle merveille que de faire bonne chère
100 avec bien de l'argent : c'est une chose la plus aisée du
monde, et il n'y a si pauvre esprit qui n'en fît bien autant ;
mais pour agir en habile homme il faut parler de faire
bonne chère avec peu d'argent.

MAÎTRE JACQUES – Bonne chère avec peu d'argent !

105 VALÈRE – Oui.

MAÎTRE JACQUES – Par ma foi, monsieur l'intendant, vous
nous obligerez de nous faire voir ce secret, et de prendre
mon office de cuisinier : aussi bien vous mêlez-vous céans
d'être le factoton[3].

110 HARPAGON – Taisez-vous. Qu'est-ce qu'il nous faudra ?

MAÎTRE JACQUES – Voilà monsieur votre intendant, qui vous
fera bonne chère pour peu d'argent.

HARPAGON – Haye ! je veux que tu me répondes.

MAÎTRE JACQUES – Combien serez-vous de gens à table ?

notes

1. bonne chère : bon repas.

2. leur épée de chevet : ce qu'ils répètent toujours.

3. le factoton : le valet à tout faire.

115 HARPAGON – Nous serons huit ou dix ; mais il ne faut prendre que huit : quand il y a à manger pour huit, il y en a pour dix.

VALÈRE – Cela s'entend.

MAÎTRE JACQUES – Hé bien ! il faudra quatre grands potages[1]
120 et cinq assiettes[2]. Potages… Entrées…

HARPAGON – Que diable ! voilà pour traiter[3] toute une ville entière.

MAÎTRE JACQUES – Rôt…

HARPAGON, *en lui mettant la main sur la bouche* – Ah ! traître,
125 tu manges tout mon bien.

MAÎTRE JACQUES – Entremets…

HARPAGON – Encore ?

VALÈRE – Est-ce que vous avez envie de faire crever tout le monde ? Et monsieur a-t-il invité des gens pour les assassi-
130 ner à force de mangeaille ? Allez-vous-en lire un peu les préceptes[4] de la santé et demander aux médecins s'il y a rien de plus préjudiciable à l'homme que de manger avec excès.

HARPAGON – Il a raison.

VALÈRE – Apprenez, maître Jacques, vous et vos pareils, que
135 c'est un coupe-gorge qu'une table remplie de trop de viandes, que pour se bien montrer ami de ceux que l'on invite, il faut que la frugalité[5] règne dans les repas qu'on donne ; et que, suivant le dire d'un ancien, *il faut manger pour vivre, et non pas vivre pour manger.*

140 HARPAGON – Ah ! que cela est bien dit ! Approche, que je t'embrasse pour ce mot. Voilà la plus belle sentence[6] que

notes

1. **potages :** plats de viandes et de légumes.
2. **assiettes :** plats de ragoûts.
3. **traiter :** nourrir.
4. **préceptes :** enseignements.
5. **la frugalité :** la légèreté du repas.
6. **sentence :** pensée.

j'ai entendue de ma vie. *Il faut vivre pour manger, et non pas manger pour vi…* Non, ce n'est pas cela. Comment est-ce que tu dis ?

145 VALÈRE – Qu'*il faut manger pour vivre, et non pas vivre pour manger.*

HARPAGON – Oui. Entends-tu ? Qui est le grand homme qui a dit cela ?

VALÈRE – Je ne me souviens pas maintenant de son nom.

150 HARPAGON – Souviens-toi de m'écrire ces mots : je les veux faire graver en lettres d'or sur la cheminée de ma salle.

VALÈRE – Je n'y manquerai pas. Et pour votre souper, vous n'avez qu'à me laisser faire : je réglerai tout cela comme il faut.

155 HARPAGON – Fais donc.

MAÎTRE JACQUES – Tant mieux : j'en aurai moins de peine.

HARPAGON – Il faudra de ces choses dont on ne mange guère, et qui rassasient d'abord[1] : quelque bon haricot[2] bien gras, avec quelque pâté en pot bien garni de marrons.

160 VALÈRE – Reposez-vous sur moi.

HARPAGON – Maintenant, maître Jacques, il faut nettoyer mon carrosse.

MAÎTRE JACQUES – Attendez. Ceci s'adresse au cocher. *(Il remet sa casaque.)* Vous dites…

165 HARPAGON – Qu'il faut nettoyer mon carrosse, et tenir mes chevaux tout prêts pour conduire à la foire…

MAÎTRE JACQUES – Vos chevaux, monsieur ? Ma foi, ils ne sont point du tout en état de marcher. Je ne vous dirai

---

notes

1. d'abord : tout de suite.   **2. haricot :** ragoût de mouton.

170 point qu'ils sont sur la litière, les pauvres bêtes n'en ont point, et ce serait fort mal parler ; mais vous leur faites observer des jeûnes si austères[1], que ce ne sont plus rien que des idées ou des fantômes, des façons[2] de chevaux.

HARPAGON – Les voilà bien malades : ils ne font rien.

175 MAÎTRE JACQUES – Et pour ne faire rien, monsieur, est-ce qu'il ne faut rien manger ? Il leur vaudrait bien mieux, les pauvres animaux, de travailler beaucoup, de manger de même. Cela me fend le cœur, de les voir ainsi exténués ; car enfin j'ai une tendresse pour mes chevaux, qu'il me semble[3] que c'est moi-même quand je les vois pâtir[4] ; je

180 m'ôte tous les jours pour eux les choses de la bouche ; et c'est être, monsieur, d'un naturel trop dur, que de n'avoir nulle pitié de son prochain.

HARPAGON – Le travail ne sera pas grand, d'aller jusqu'à la foire.

185 MAÎTRE JACQUES – Non, monsieur, je n'ai pas le courage de les mener, et je ferais conscience de[5] leur donner des coups de fouet, en l'état où ils sont. Comment voudriez-vous qu'ils traînassent un carrosse, qu'ils[6] ne peuvent pas se traîner eux-mêmes ?

190 VALÈRE – Monsieur, j'obligerai le voisin le Picard à se charger de les conduire : aussi bien nous fera-t-il ici besoin[7] pour apprêter[8] le souper.

MAÎTRE JACQUES – Soit ; j'aime mieux encore qu'ils meurent sous la main d'un autre que sous la mienne.

---

notes

1. des jeûnes si austères : des périodes sans manger si pénibles.

2. façons : apparences.

3. qu'il me semble : à tel point qu'il me semble.

4. pâtir : souffrir.

5. je ferais conscience de : j'hésiterais à.

6. qu'ils : alors qu'ils.

7. faire besoin : avoir besoin.

8. apprêter : préparer.

195 **VALÈRE** – Maître Jacques fait bien le raisonnable[1].

MAÎTRE JACQUES – Monsieur l'intendant fait bien le nécessaire[2].

HARPAGON – Paix !

MAÎTRE JACQUES – Monsieur, je ne saurais souffrir les flat-
200 teurs ; et je vois que ce qu'il en fait, que ses contrôles perpétuels sur le pain et le vin, le bois, le sel, et la chandelle,
ne sont rien que pour vous gratter[3] et vous faire sa cour.
J'enrage de cela, et je suis fâché tous les jours d'entendre ce
qu'on dit de vous ; car enfin je me sens pour vous de la
205 tendresse, en dépit que j'en aie[4] ; et après mes chevaux,
vous êtes la personne que j'aime le plus.

HARPAGON – Pourrais-je savoir de vous, maître Jacques, ce
que l'on dit de moi ?

MAÎTRE JACQUES – Oui, monsieur, si j'étais assuré que cela ne
210 vous fâchât point.

HARPAGON – Non, en aucune façon.

MAÎTRE JACQUES – Pardonnez-moi : je sais fort bien que je
vous mettrais en colère.

HARPAGON – Point du tout : au contraire, c'est me faire plai-
215 sir, et je suis bien aise d'apprendre comme[5] on parle de moi.

MAÎTRE JACQUES – Monsieur, puisque vous le voulez, je vous
dirai franchement qu'on se moque partout de vous ; qu'on
nous jette de tous côtés cent brocards[6] à votre sujet ; et que
l'on n'est point plus ravi que de vous tenir au cul et aux
220 chausses[7], et de faire sans cesse des contes de votre lésine[8].

---

notes

1. le raisonnable : le difficile.

2. le nécessaire :
l'indispensable.

3. gratter : flatter.

4. en dépit que j'en aie :
malgré mes reproches.

5. comme : comment.

6. brocards : moqueries.

**7. vous tenir au cul et aux
chausses :** s'acharner sur
vous.

8. lésine : avarice.

L'un dit que vous faites imprimer des almanachs[1] particuliers, où vous faites doubler les quatre-temps et les vigiles[2], afin de profiter des jeûnes où vous obligez votre monde[3]. L'autre, que vous avez toujours une querelle toute prête à faire à vos valets dans le temps des étrennes[4], ou de leur sortie d'avec vous, pour vous trouver une raison de ne leur donner rien. Celui-là conte qu'une fois vous fîtes assigner[5] le chat d'un de vos voisins, pour vous avoir mangé un reste d'un gigot de mouton. Celui-ci, que l'on vous surprit une nuit, en venant dérober[6] vous-même l'avoine de vos chevaux ; et que votre cocher, qui était celui d'avant moi, vous donna dans l'obscurité je ne sais combien de coups de bâton dont vous ne voulûtes rien dire. Enfin voulez-vous que je vous dise ? On ne saurait aller nulle part où l'on ne vous entende accommoder de toutes pièces[7] ; vous êtes la fable et la risée de tout le monde ; et jamais on ne parle de vous que sous les noms d'avare, de ladre, de vilain et de fesse-mathieu.

HARPAGON, *en le battant* – Vous êtes un sot, un maraud, un coquin et un impudent.

MAÎTRE JACQUES – Hé bien ! ne l'avais-je pas deviné ? Vous ne m'avez pas voulu croire : je vous l'avais bien dit que je vous fâcherais de vous dire[8] la vérité.

HARPAGON – Apprenez à parler.

---

notes

1. almanachs : calendriers.

2. quatre-temps et vigiles : jours de jeûne demandés par l'Église.

3. votre monde : vos domestiques.

4. les étrennes : les cadeaux de fin d'année.

5. assigner : citer en justice.

6. en venant dérober : alors que vous veniez voler.

7. accommoder de toutes pièces : ridiculiser de toutes les façons.

8. de vous dire : en vous disant.

Au fil du texte

QUE S'EST-IL PASSÉ ENTRE-TEMPS ?

1. Au terme du deuxième acte, résumez la situation de Cléante avec Harpagon.

2. Quelles sont les attentes du spectateur ?

3. Imaginez des hypothèses de dénouement★ pour le conflit qui oppose le père et le fils.

AVEZ-VOUS BIEN LU ?

4. À qui Harpagon s'adresse-t-il successivement ?

5. Qu'est-il en train d'organiser ?

6. Que doivent s'efforcer de réussir tous ses serviteurs ?

ÉTUDIER L'EMPLOI DE L'IMPÉRATIF

7. Relevez tous les verbes conjugués à l'impératif dans les répliques★ d'Harpagon et donnez leur infinitif.

8. Quel type de rapport l'emploi de ce mode établit-il entre Harpagon et ses serviteurs ?

9. Qu'en déduisez-vous quant aux valeurs du mode impératif ?

ÉTUDIER LES CARACTÈRES

10. Énumérez les « dix commandements » selon Harpagon pour tenir une maison en avare et réussir un maigre souper.
Par exemple, le premier commandement peut être : « *prenez garde de ne point frotter les meubles trop fort, de peur de les user* » (lignes 6 et 7).

11. À partir de cette énumération, qualifiez l'avarice d'Harpagon.

dénouement : fin de la pièce qui fixe le sort des personnages.

répliques : paroles prononcées par les personnages.

12. Citez des exemples de la flatterie de Valère et de la sincérité naïve de maître Jacques.

13. Comment Harpagon réagit-il face à l'attitude de ces deux serviteurs ?

14. Qu'en déduisez-vous de l'image que Molière veut donner des rapports sociaux ?

ÉTUDIER LA PLACE ET LA FONCTION DE L'EXTRAIT DANS L'ŒUVRE

15. Pour la suite de l'intrigue*, quelle sera la conséquence importante de l'attitude de Valère vis-à-vis de maître Jacques ?

ÉTUDIER LE COMIQUE

16. Dans cette scène, trouvez des exemples de procédés comiques* relevant du comique de gestes, de caractère et de mots.

MISE EN SCÈNE

17. Harpagon s'adresse tour à tour à ses serviteurs en présence de ses enfants. Imaginez comment les huit personnages de cette scène occupent l'espace, quels sont leurs mouvements, leurs attitudes quand ils ne participent pas au dialogue.

À VOS PLUMES !

18. Selon votre réponse à la question 10, rédigez les « dix commandements » d'une personne généreuse qui organise un souper et qui souhaite choyer particulièrement ses invités. Vous utiliserez l'impératif.

intrigue : action de la pièce qui se met en place à partir des relations entre les personnages.

exemples de comique de gestes : coup de bâton, poursuite, chute, soufflet, fouille…

exemples de comique de caractère : avarice, flatterie, cynisme, insolence…

exemples de comique de mots : jurons, jeux de mots, patois, contresens, répétition…

Scène 2　　　　　MAÎTRE JACQUES, VALÈRE

245　VALÈRE – À ce que je puis voir, maître Jacques, on paye mal votre franchise.

MAÎTRE JACQUES – Morbleu, monsieur le nouveau venu, qui faites l'homme d'importance, ce n'est pas votre affaire. Riez de vos coups de bâton quand on vous en donnera, et
250　ne venez point rire des miens.

VALÈRE – Ah ! monsieur maître Jacques, ne vous fâchez pas, je vous prie.

MAÎTRE JACQUES, *à part* – Il file doux. Je veux faire le brave, et s'il est assez sot pour me craindre, le frotter[1] quelque
255　peu. *(Haut.)* Savez-vous bien, monsieur le rieur, que je ne ris pas, moi ? et que si vous m'échauffez la tête, je vous ferai rire d'une autre sorte ?
Maître Jacques pousse Valère jusqu'au bout du théâtre, en le menaçant.

260　VALÈRE – Eh ! doucement.

MAÎTRE JACQUES – Comment, doucement ? il ne me plaît pas, moi.

VALÈRE – De grâce.

MAÎTRE JACQUES – Vous êtes un impertinent.

265　VALÈRE – Monsieur maître Jacques…

MAÎTRE JACQUES – Il n'y a point de monsieur maître Jacques pour un double[2]. Si je prends un bâton, je vous rosserai d'importance[3].

---

notes

1. frotter : battre.

2. un double : une petite pièce d'une valeur de deux deniers (ce qui équivaut à « pour un sou »).

3. je vous rosserai d'importance : je vous battrai avec violence.

VALÈRE – Comment, un bâton ?

270 *Valère le fait reculer autant qu'il l'a fait.*

MAÎTRE JACQUES – Eh ! je ne parle pas de cela.

VALÈRE – Savez-vous bien, monsieur le fat[1], que je suis homme à vous rosser vous-même ?

MAÎTRE JACQUES – Je n'en doute pas.

275 VALÈRE – Que vous n'êtes, pour tout potage[2], qu'un faquin[3] de cuisinier ?

MAÎTRE JACQUES – Je le sais bien.

VALÈRE – Et que vous ne me connaissez pas encore ?

MAÎTRE JACQUES – Pardonnez-moi.

280 VALÈRE – Vous me rosserez, dites-vous ?

MAÎTRE JACQUES – Je le disais en raillant.

VALÈRE – Et moi, je ne prends point de goût à votre raillerie. *(Il lui donne des coups de bâton.)* Apprenez que vous êtes un mauvais railleur.

285 MAÎTRE JACQUES, *seul* – Peste soit la sincérité ! c'est un mauvais métier. Désormais j'y renonce, et je ne veux plus dire vrai. Passe encore pour mon maître : il a quelque droit de me battre ; mais pour ce monsieur l'intendant, je m'en vengerai si je le puis.

Scène 3

FROSINE, MARIANE,
MAÎTRE JACQUES

290 FROSINE – Savez-vous, maître Jacques, si votre maître est au logis ?

notes

1. le fat : le prétentieux.　　**2. pour tout potage :** en fait.　　**3. faquin :** homme méprisable.

MAÎTRE JACQUES – Oui, vraiment, il y est, je ne le sais que trop.

FROSINE – Dites-lui, je vous prie, que nous sommes ici.

Scène 4   MARIANE, FROSINE

295 MARIANE – Ah! que je suis, Frosine, dans un étrange état! et s'il faut dire ce que je sens, que j'appréhende cette vue!

FROSINE – Mais pourquoi, et quelle est votre inquiétude ?

MARIANE – Hélas! me le demandez-vous ? et ne vous figurez-vous point les alarmes d'une personne toute prête à
300 voir le supplice où l'on veut l'attacher ?

FROSINE – Je vois bien que, pour mourir agréablement, Harpagon n'est pas le supplice que vous voudriez embrasser ; et je connais à votre mine que le jeune blondin dont vous m'avez parlé vous revient un peu dans l'esprit.

305 MARIANE – Oui, c'est une chose, Frosine, dont je ne veux pas me défendre ; et les visites respectueuses qu'il a rendues chez nous ont fait, je vous l'avoue, quelque effet dans mon âme.

FROSINE – Mais avez-vous su quel il est[1] ?

MARIANE – Non, je ne sais point quel il est ; mais je sais qu'il
310 est fait d'un air à se faire aimer ; et que si l'on pouvait mettre les choses à mon choix, je le prendrais plutôt qu'un autre ; et qu'il ne contribue pas peu à me faire trouver un tourment effroyable dans l'époux qu'on veut me donner.

note
1. quel il est : qui il est.

FROSINE – Mon Dieu! tous ces blondins sont agréables, et
315 débitent fort bien leur fait[1]; mais la plupart sont gueux[2]
comme des rats, et il vaut mieux pour vous de prendre un
vieux mari qui vous donne beaucoup de bien[3]. Je vous
avoue que les sens ne trouvent pas si bien leur compte du
côté que je dis, et qu'il y a quelques petits dégoûts à
320 essuyer[4] avec un tel époux; mais cela n'est pas pour
durer, et sa mort, croyez-moi, vous mettra bientôt en
état d'en prendre un plus aimable, qui réparera toutes
choses.

MARIANE – Mon Dieu! Frosine, c'est une étrange affaire,
325 lorsque, pour être heureuse, il faut souhaiter ou attendre le
trépas[5] de quelqu'un, et la mort ne suit pas tous les projets
que nous faisons.

FROSINE – Vous moquez-vous? Vous ne l'épousez qu'aux
conditions de vous laisser veuve bientôt; et ce doit être là
330 un des articles du contrat. Il serait bien impertinent de ne
pas mourir dans trois mois. Le voici en propre personne.

MARIANE – Ah! Frosine, quelle figure!

Scène 5   HARPAGON, FROSINE, MARIANE

HARPAGON – Ne vous offensez pas, ma belle, si je viens à vous
avec les lunettes. Je sais que vos appas[6] frappent assez les
335 yeux, sont assez visibles d'eux-mêmes, et qu'il n'est pas
besoin de lunettes pour les apercevoir; mais enfin c'est avec

notes

1. **débitent fort bien leur fait :** expriment très bien leurs galanteries.

2. **gueux :** miséreux, pauvres.

3. **bien :** richesse.

4. **à essuyer :** à subir.

5. **le trépas :** la mort.

6. **vos appas :** vos charmes.

des lunettes qu'on observe les astres, et je maintiens et garantis que vous êtes un astre, mais un astre, le plus bel astre qui soit dans le pays des astres. Frosine, elle ne répond mot, et ne témoigne, ce me semble, aucune joie de me voir.

FROSINE – C'est qu'elle est encore toute surprise ; et puis les filles ont toujours honte à témoigner d'abord ce qu'elles ont dans l'âme.

HARPAGON – Tu as raison. *(À Mariane.)* Voilà, belle mignonne, ma fille qui vient vous saluer.

Scène 6

ÉLISE, HARPAGON, MARIANE, FROSINE

MARIANE – Je m'acquitte bien tard, madame, d'une telle visite.

ÉLISE – Vous avez fait, madame, ce que je devais faire, et c'était à moi de vous prévenir[1].

HARPAGON – Vous voyez qu'elle est grande ; mais mauvaise herbe croît toujours.

MARIANE, *bas, à Frosine* – Oh ! l'homme déplaisant !

HARPAGON – Que dit la belle ?

FROSINE – Qu'elle vous trouve admirable.

HARPAGON – C'est trop d'honneur que vous me faites, adorable mignonne.

MARIANE, *à part* – Quel animal !

HARPAGON – Je vous suis trop obligé[2] de ces sentiments.

notes
---

1. vous prévenir : vous devancer, d'agir avant vous.

2. je vous suis trop obligé : je vous suis reconnaissant.

MARIANE, *à part* – Je n'y puis plus tenir.

360 HARPAGON – Voici mon fils aussi qui vous vient faire la révérence.

MARIANE, *bas, à Frosine* – Ah! Frosine, quelle rencontre! C'est justement celui dont je t'ai parlé.

FROSINE, *à Mariane* – L'aventure est merveilleuse.

365 HARPAGON – Je vois que vous vous étonnez de me voir de si grands enfants; mais je serai bientôt défait et de l'un et de l'autre.

Scène 7

CLÉANTE, HARPAGON, ÉLISE,
MARIANE, FROSINE, VALÈRE

CLÉANTE – Madame, à vous dire le vrai, c'est ici une aventure où[1] sans doute je ne m'attendais pas; et mon père ne m'a 370 pas peu surpris lorsqu'il m'a dit tantôt le dessein qu'il avait formé.

MARIANE – Je puis dire la même chose. C'est une rencontre imprévue qui m'a surprise autant que vous; et je n'étais point préparée à une pareille aventure.

375 CLÉANTE – Il est vrai que mon père, madame, ne peut pas faire un plus beau choix, et que ce m'est une sensible joie[2] que l'honneur de vous voir; mais avec tout cela, je ne vous assurerai point que je me réjouis du dessein où[3] vous pourriez être de devenir ma belle-mère. Le compliment, 380 je vous l'avoue, est trop difficile pour moi; et c'est un titre, s'il vous plaît, que je ne vous souhaite point. Ce discours

---

notes

1. où : à laquelle.

2. une sensible joie : une très grande joie.

3. où : dans lequel.

paraîtra brutal aux yeux de quelques-uns ; mais je suis assuré que vous serez personne à le prendre comme il faudra, que c'est un mariage, madame, où[1] vous vous imaginez bien que je dois avoir de la répugnance ; que vous n'ignorez pas, sachant ce que je suis, comme[2] il choque mes intérêts ; et que vous voulez bien enfin que je vous dise, avec la permission de mon père, que si les choses dépendaient de moi, cet hymen[3] ne se ferait point.

385

HARPAGON – Voilà un compliment bien impertinent : quelle belle confession à lui faire !

390

MARIANE – Et moi, pour vous répondre, j'ai à vous dire que les choses sont fort égales[4] ; et que si vous auriez de la répugnance à me voir votre belle-mère, je n'en aurais pas moins sans doute à vous voir mon beau-fils. Ne croyez pas, je vous prie, que ce soit moi qui cherche à vous donner cette inquiétude. Je serais fort fâchée de vous causer du déplaisir ; et si je ne m'y vois forcée par une puissance absolue, je vous donne ma parole que je ne consentirai point au mariage qui vous chagrine.

395

400

HARPAGON – Elle a raison : à sot compliment, il faut une réponse de même. Je vous demande pardon, ma belle, de l'impertinence de mon fils. C'est un jeune sot, qui ne sait pas encore la conséquence des paroles qu'il dit.

MARIANE – Je vous promets que ce qu'il m'a dit ne m'a point du tout offensée ; au contraire, il m'a fait plaisir de m'expliquer ainsi ses véritables sentiments. J'aime de lui un aveu de la sorte ; et s'il avait parlé d'autre façon, je l'en estimerais bien moins.

405

notes

1. **où :** pour lequel.   3. **hymen :** mariage.   4. **fort égales :** identiques.
2. **comme :** combien.

410 HARPAGON – C'est beaucoup de bonté à vous de vouloir ainsi excuser ses fautes. Le temps le rendra plus sage, et vous verrez qu'il changera de sentiments.

CLÉANTE – Non, mon père, je ne suis point capable d'en changer, et je prie instamment madame de le croire.

415 HARPAGON – Mais voyez quelle extravagance ! il continue encore plus fort.

CLÉANTE – Voulez-vous que je trahisse mon cœur ?

HARPAGON – Encore ? Avez-vous envie de changer de discours ?

420 CLÉANTE – Hé bien ! puisque vous voulez que je parle d'autre façon, souffrez, madame, que je me mette ici à la place de mon père, et que je vous avoue que je n'ai rien vu dans le monde de si charmant que vous ; que je ne conçois rien d'égal au bonheur de vous plaire, et que le
425 titre de votre époux est une gloire, une félicité que je préférerais aux destinées des plus grands princes de la terre. Oui, madame, le bonheur de vous posséder est à mes regards la plus belle de toutes les fortunes ; c'est où j'attache toute mon ambition ; il n'y a rien que je ne sois capable de
430 faire pour une conquête si précieuse, et les obstacles les plus puissants…

HARPAGON – Doucement, mon fils, s'il vous plaît.

CLÉANTE – C'est un compliment que je fais pour vous à madame.

435 HARPAGON – Mon Dieu ! j'ai une langue pour m'expliquer moi-même, et je n'ai pas besoin d'un procureur[1] comme vous. Allons, donnez des sièges.

note
_____

1. procureur : interprète.

FROSINE – Non, il vaut mieux que de ce pas nous allions à la foire, afin d'en revenir plus tôt, et d'avoir tout le temps ensuite de vous entretenir[1].

HARPAGON – Qu'on mette donc les chevaux au carrosse. Je vous prie de m'excuser, ma belle, si je n'ai pas songé à vous donner un peu de collation[2] avant que de partir.

CLÉANTE – J'y ai pourvu, mon père, et j'ai fait apporter ici quelques bassins d'oranges de la Chine, de citrons doux et de confitures, que j'ai envoyé quérir[3] de votre part.

HARPAGON, *bas, à Valère* – Valère !

VALÈRE, *à Harpagon* – Il a perdu le sens.

CLÉANTE – Est-ce que vous trouvez, mon père, que ce ne soit pas assez ? Madame aura la bonté d'excuser cela, s'il lui plaît.

MARIANE – C'est une chose qui n'était pas nécessaire.

CLÉANTE – Avez-vous jamais vu, madame, un diamant plus vif que celui que vous voyez que mon père a au doigt ?

MARIANE – Il est vrai qu'il brille beaucoup.

CLÉANTE, *il l'ôte du doigt de son père et le donne à Mariane* – Il faut que vous le voyiez de près.

MARIANE – Il est fort beau sans doute, et jette quantité de feux.

CLÉANTE, *il se met au-devant de Mariane, qui le veut rendre* – Nenni[4], madame : il est en de trop belles mains. C'est un présent que mon père vous a fait.

HARPAGON – Moi ?

---

notes

1. *de vous entretenir :* de converser.
2. *collation :* repas léger.
3. *quérir :* chercher.
4. *nenni :* non.

CLÉANTE – N'est-il pas vrai, mon père, que vous voulez que
465   madame le garde pour l'amour de vous ?

HARPAGON, *bas, à son fils* – Comment ?

CLÉANTE – Belle demande ! Il me fait signe de vous le faire
accepter.

MARIANE – Je ne veux point…

470   **CLÉANTE** – Vous moquez-vous ? Il n'a garde de le reprendre[1].

HARPAGON, *à part* – J'enrage !

MARIANE – Ce serait…

CLÉANTE, *en empêchant toujours Mariane de rendre la*
475   *bague* – Non, vous dis-je, c'est l'offenser.

MARIANE – De grâce.

CLÉANTE – Point du tout.

HARPAGON, *à part* – Peste soit…

CLÉANTE – Le voilà qui se scandalise de votre refus.

480   **HARPAGON,** *bas, à son fils* – Ah, traître !

CLÉANTE – Vous voyez qu'il se désespère.

HARPAGON, *bas, à son fils, en le menaçant* – Bourreau que tu es !

CLÉANTE – Mon père, ce n'est pas ma faute. Je fais ce que je
puis pour l'obliger à la garder ; mais elle est obstinée.

485   **HARPAGON,** *bas, à son fils, avec emportement* – Pendard !

CLÉANTE – Vous êtes cause, madame, que mon père me querelle.

HARPAGON, *bas, à son fils, avec les mêmes grimaces* – Le coquin !

note

**1. il n'a garde de le
reprendre :** il n'a pas envie de
le reprendre.

Cléante – Vous le ferez tomber malade. De grâce, madame, ne résistez point davantage.

Gravure de Maurice Leloir pour *L'Avare*.

Frosine – Mon Dieu ! que de façons ! Gardez la bague puisque monsieur le veut.

Mariane – Pour ne vous point mettre en colère, je la garde maintenant ; et je prendrai un autre temps[1] pour vous la rendre.

note
_____

1. un autre temps : un autre moment.

Au fil du texte

QUE S'EST-IL PASSÉ ENTRE-TEMPS ?

1. Quelle est la réaction de Mariane lorsqu'elle voit Harpagon pour la première fois ?

2. En présence de Mariane, Harpagon s'est-il montré inquiet ou serein ?

3. Que doit faire Frosine pour bien jouer son rôle d'entremetteuse ?

AVEZ-VOUS BIEN LU ?

4. Pourquoi Mariane est-elle surprise de voir Cléante ?

5. Par quel moyen Cléante réussit-il à lui déclarer son amour en présence de son père ?

6. Comment Harpagon réagit-il ?

ÉTUDIER L'ÉCRITURE

7. Relevez dans les répliques de Cléante des hyperboles* contenant le superlatif*.

8. À qui sont-elles adressées ?

9. Quels sentiments de Cléante traduisent-elles ?

hyperbole : expression exagérée mettant en valeur une idée, un personnage, une chose…

superlatif : il exprime la qualité au degré le plus élevé (ex. : le plus beau, le plus fort, le plus riche…).

ÉTUDIER LA PLACE ET LA FONCTION DE L'EXTRAIT DANS L'ŒUVRE

10. Quels sont les deux sujets de conflit majeur qui opposent Cléante à son père ?

11. Trouvez une phrase prononcée par Cléante qui traduise clairement l'ambition du fils par rapport au père.

12. Quel tournant de l'intrigue cette phrase peut-elle marquer ?

ÉTUDIER LE COMIQUE
(LIGNES 453 À 488)

13. Relevez les didascalies* de ce passage et précisez leur rôle.

14. Quels procédés comiques font-elles apparaître ?

15. Qui est ridiculisé ?

16. À la lecture de ce passage, dites quel rôle Molière semble vouloir donner à ses comédies.

LIRE L'IMAGE DE LA PAGE 88

17. Identifiez, de gauche à droite, les personnages.

18. Décrivez les tenues vestimentaires d'Harpagon et de Cléante à l'aide des termes de la pièce.

19. À partir de l'attitude des personnages, résumez ce moment de l'intrigue.

MISE EN SCÈNE (LIGNES 453 À 488)

20. Attribuez à chacun des trois personnages (Harpagon, Mariane et Cléante) le ton qui convient à ses répliques en choisissant parmi les trois propositions suivantes :

a) scandalisé, outré, choqué ; *b)* naturel, spontané, admiratif ; *c)* amusé, moqueur, taquin.

21. Imaginez les gestes et les déplacements de ces personnages.

22. Jouez cet extrait en vous aidant des deux réponses précédentes et des didascalies.

À VOS PLUMES !

23. Rédigez le panégyrique* de quelqu'un que vous aimez ou admirez. Vous vous efforcerez d'utiliser des hyperboles avec des superlatifs. Votre rédaction pourra être ironique*.

didascalies : indications écrites par l'auteur pour la mise en scène.

panégyrique : discours extrêmement flatteur sur quelqu'un.

mode ironique : procédé qui consiste à faire comprendre le contraire de ce que l'on dit.

Scène 8

HARPAGON, MARIANE, FROSINE, CLÉANTE, BRINDAVOINE, ÉLISE, VALÈRE

BRINDAVOINE – Monsieur, il y a là un homme qui veut vous parler.

HARPAGON – Dis-lui que je suis empêché[1], et qu'il revienne une autre fois.

500   BRINDAVOINE – Il dit qu'il vous apporte de l'argent.

HARPAGON – Je vous demande pardon. Je reviens tout à l'heure.

Autres temps, autres personnages mais toujours le même défaut qui prête à rire : l'avarice et la soif de l'or… (Christian Clavier dans *La Soif de l'or*, 1992).

note

1. je suis empêché : je ne peux pas le recevoir.

Scène 9

LA MERLUCHE, *il vient en courant, et fait tomber Harpagon* – Monsieur…

505 HARPAGON – Ah ! je suis mort.

CLÉANTE – Qu'est-ce, mon père ? vous êtes-vous fait mal ?

HARPAGON – Le traître assurément a reçu de l'argent de mes débiteurs[1], pour me faire rompre le cou.

VALÈRE – Cela ne sera rien.

510 LA MERLUCHE – Monsieur, je vous demande pardon, je croyais bien faire d'accourir vite.

HARPAGON – Que viens-tu faire ici, bourreau ?

LA MERLUCHE – Vous dire que vos deux chevaux sont déferrés[2].

515 HARPAGON – Qu'on les mène promptement[3] chez le maréchal.

CLÉANTE – En attendant qu'ils soient ferrés, je vais faire pour vous, mon père, les honneurs de votre logis[4], et conduire madame dans le jardin, où je ferai porter la collation.

HARPAGON – Valère, aie un peu l'œil à tout cela ; et prends
520 soin, je te prie, de m'en sauver le plus que tu pourras, pour le renvoyer au marchand.

VALÈRE – C'est assez.

HARPAGON, *seul* – Ô fils impertinent, as-tu envie de me ruiner ?

notes

1. débiteurs : personnes qui doivent de l'argent.

2. déferrés : dont les fers des sabots ont été retirés.

3. promptement : rapidement.

4. je vais faire les honneurs de votre logis : je vais accueillir madame.

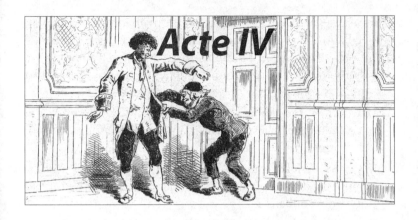

Scène 1

CLÉANTE, MARIANE, ÉLISE,
FROSINE

CLÉANTE – Rentrons ici, nous serons beaucoup mieux. Il n'y a plus autour de nous personne de suspect, et nous pouvons parler librement.

ÉLISE – Oui, madame, mon frère m'a fait confidence de
5   la passion qu'il a pour vous. Je sais les chagrins et les déplaisirs que sont capables de causer de pareilles traverses[1], et c'est, je vous assure, avec une tendresse extrême, que je m'intéresse à votre aventure.

MARIANE – C'est une douce consolation que de voir dans
10   ses intérêts une personne comme vous; et je vous conjure, madame, de me garder toujours cette généreuse amitié, si capable de m'adoucir les cruautés de la fortune[2].

notes

1. traverses : difficultés. **2. m'adoucir les cruautés de la fortune :** rendre ma vie plus agréable.

FROSINE – Vous êtes, par ma foi, de malheureuses gens l'un et l'autre, de ne m'avoir point, avant tout ceci, avertie de votre affaire. Je vous aurais sans doute détourné[1] cette inquiétude, et n'aurais point amené les choses où l'on voit qu'elles sont.

CLÉANTE – Que veux-tu ? C'est ma mauvaise destinée qui l'a voulu ainsi. Mais, belle Mariane, quelles résolutions sont les vôtres ?

MARIANE – Hélas ! suis-je en pouvoir de faire des résolutions ? Et dans la dépendance où je me vois, puis-je former que[2] des souhaits ?

CLÉANTE – Point d'autre appui pour moi dans votre cœur que de simples souhaits ? point de pitié officieuse[3] ? point de secourable bonté ? point d'affection agissante ?

MARIANE – Que saurais-je vous dire ? Mettez-vous en[4] ma place, et voyez ce que je puis faire. Avisez, ordonnez vous-même : je m'en remets à vous, et je vous crois trop raisonnable pour vouloir exiger de moi que ce qui peut m'être permis par l'honneur et la bienséance[5].

CLÉANTE – Hélas ! où me réduisez-vous, que de me renvoyer[6] à ce que voudront me permettre les fâcheux sentiments d'un rigoureux honneur et d'une scrupuleuse bienséance ?

MARIANE – Mais que voulez-vous que je fasse ? Quand je pourrais passer sur quantité d'égards où notre sexe est obligé[7], j'ai de la considération pour ma mère. Elle m'a toujours élevée avec une tendresse extrême, et je ne saurais

---

notes

1. **détourné :** épargné.
2. **que :** autre chose que.
3. **officieuse :** complaisante.
4. **en :** à.
5. **la bienséance :** les bonnes manières.
6. **que de me renvoyer :** en me renvoyant.
7. **quand je pourrais passer sur quantité d'égards où notre sexe est obligé :** même si je commettais quelques écarts de conduite.

me résoudre à lui donner du déplaisir. Faites, agissez auprès
40   d'elle, employez tous vos soins à gagner son esprit : vous
pouvez faire et dire tout ce que vous voudrez, je vous en
donne la licence[1] ; et s'il ne tient qu'à me déclarer en votre
faveur, je veux bien consentir à lui faire un aveu moi-
même de tout ce que je sens pour vous.

45   CLÉANTE – Frosine, ma pauvre Frosine, voudrais-tu nous servir ?

FROSINE – Par ma foi ! faut-il demander ? je le voudrais de
tout mon cœur. Vous savez que de mon naturel je suis assez
humaine ; le Ciel ne m'a point fait l'âme de bronze, et je
50   n'ai que trop de tendresse à rendre de petits services, quand
je vois des gens qui s'entr'aiment en tout bien et en tout
honneur. Que pourrions-nous faire à ceci ?

CLÉANTE – Songe un peu, je te prie.

MARIANE – Ouvre-nous des lumières[2].

55   ÉLISE – Trouve quelque invention pour rompre[3] ce que tu as
fait.

FROSINE – Ceci est assez difficile. *(À Mariane.)* Pour votre
mère, elle n'est pas tout à fait déraisonnable, et peut-être
pourrait-on la gagner, et la résoudre à transporter au fils le
60   don qu'elle veut faire au père. *(À Cléante.)* Mais le mal que
j'y trouve, c'est que votre père est votre père.

CLÉANTE – Cela s'entend.

FROSINE – Je veux dire qu'il conservera du dépit[4], si l'on
montre qu'on le refuse ; et qu'il ne sera point d'humeur
65   ensuite à donner son consentement à votre mariage.

Il faudrait, pour bien faire, que le refus vînt de lui-même, et tâcher par quelque moyen de le dégoûter de votre personne.

CLÉANTE – Tu as raison.

FROSINE – Oui, j'ai raison, je le sais bien. C'est là ce qu'il fau-
70 drait ; mais le diantre[1] est d'en pouvoir trouver les moyens. Attendez : si nous avions quelque femme un peu sur l'âge[2], qui fût de mon talent, et jouât assez bien pour contrefaire une dame de qualité, par le moyen d'un train[3] fait à la hâte[4], et d'un bizarre nom de marquise, ou de vicomtesse,
75 que nous supposerions de la basse Bretagne, j'aurais assez d'adresse pour faire accroire[5] à votre père que ce serait une personne riche, outre ses maisons, de cent mille écus en argent comptant ; qu'elle serait éperdument amoureuse de lui, et souhaiterait de se voir sa femme, jusqu'à lui donner
80 tout son bien par contrat de mariage ; et je ne doute point qu'il ne prêtât l'oreille à la proposition ; car enfin il vous aime fort, je le sais ; mais il aime un peu plus l'argent ; et quand, ébloui de ce leurre[6], il aurait une fois consenti à ce qui vous touche, il importerait peu ensuite qu'il se désabu-
85 sât[7], en venant à vouloir voir clair aux effets[8] de notre marquise.

CLÉANTE – Tout cela est fort bien pensé.

FROSINE – Laissez-moi faire. Je viens de me ressouvenir d'une de mes amies, qui sera notre fait[9].

90 CLÉANTE – Sois assurée, Frosine, de ma reconnaissance, si tu viens à bout de la chose. Mais, charmante Mariane,

notes

1. *le diantre :* le diable, ici la difficulté.
2. *sur l'âge :* assez âgée.
3. *un train :* une suite de serviteurs.

4. *à la hâte :* assez rapidement.
5. *accroire :* croire.
6. *leurre :* tromperie.

7. *se désabusât :* fût détrompé.
8. *aux effets :* à la fortune.
9. *sera notre fait :* fera notre affaire.

commençons, je vous prie, par gagner votre mère : c'est toujours beaucoup faire que de rompre ce mariage. Faites-y de votre part, je vous en conjure, tous les efforts qu'il vous
95 sera possible ; servez-vous de tout le pouvoir que vous donne sur elle cette amitié qu'elle a pour vous ; déployez sans réserve les grâces éloquentes[1], les charmes tout-puissants que le Ciel a placés dans vos yeux et dans votre bouche ; et n'oubliez rien, s'il vous plaît, de ces tendres paroles, de ces
100 douces prières, et de ces caresses touchantes à qui[2] je suis persuadé qu'on ne saurait rien refuser.

MARIANE – J'y ferai tout ce que je puis, et n'oublierai aucune chose.

Scène 2

HARPAGON, CLÉANTE, MARIANE, ÉLISE, FROSINE

HARPAGON, *à part* – Ouais, mon fils baise la main de sa pré-
105 tendue[3] belle-mère, et sa prétendue belle-mère ne s'en défend pas fort. Y aurait-il quelque mystère là-dessous ?

ÉLISE – Voilà mon père.

HARPAGON – Le carrosse est tout prêt. Vous pouvez partir quand il vous plaira.

110 CLÉANTE – Puisque vous n'y allez pas, mon père, je m'en vais les conduire.

HARPAGON – Non, demeurez. Elles iront bien toutes seules ; et j'ai besoin de vous.

---

notes

1. les grâces éloquentes : l'art de bien parler. **2. à qui :** auxquelles. **3. prétendue :** future.

Scène 3   HARPAGON, CLÉANTE

HARPAGON – Ô çà, intérêt de belle-mère[1] à part, que te
115   semble à toi de cette personne ?

CLÉANTE – Ce qui m'en semble ?

HARPAGON – Oui, de son air, de sa taille, de sa beauté, de son
esprit ?

CLÉANTE – Là, là.

120   HARPAGON – Mais encore ?

CLÉANTE – À vous en parler franchement, je ne l'ai pas trou-
vée ici ce que je l'avais crue. Son air est de franche
coquette ; sa taille est assez gauche, sa beauté très médiocre,
et son esprit des plus communs. Ne croyez pas que ce soit,
125   mon père, pour vous en dégoûter ; car, belle-mère pour
belle-mère, j'aime autant celle-là qu'une autre.

HARPAGON – Tu lui disais tantôt pourtant…

CLÉANTE – Je lui ai dit quelques douceurs en votre nom,
mais c'était pour vous plaire.

130   HARPAGON – Si bien donc que tu n'aurais pas d'inclination
pour elle ?

CLÉANTE – Moi ? point du tout.

HARPAGON – J'en suis fâché ; car cela rompt une pensée qui
m'étais venue dans l'esprit. J'ai fait, en la voyant ici,
135   réflexion sur mon âge ; et j'ai songé qu'on pourra trouver
à redire de me voir marier à une si jeune personne. Cette
considération m'en faisait quitter le dessein ; et comme je

---

note

1. intérêt de belle-mère :
affaire de belle-mère.

l'ai fait demander, et que je suis pour elle engagé de parole, je te l'aurais donnée, sans l'aversion que tu témoignes.

140 CLÉANTE – À moi ?

HARPAGON – À toi.

CLÉANTE – En mariage ?

HARPAGON – En mariage.

CLÉANTE – Écoutez : il est vrai qu'elle n'est pas fort à mon
145 goût ; mais pour vous faire plaisir, mon père, je me résoudrai à l'épouser, si vous voulez.

HARPAGON – Moi ? Je suis plus raisonnable que tu ne penses : je ne veux point forcer ton inclination.

CLÉANTE – Pardonnez-moi, je me ferai cet effort pour
150 l'amour de vous.

HARPAGON – Non, non : un mariage ne saurait être heureux où l'inclination n'est pas.

CLÉANTE – C'est une chose, mon père, qui peut-être viendra ensuite ; et l'on dit que l'amour est souvent un fruit du
155 mariage.

HARPAGON – Non : du côté de l'homme, on ne doit point risquer l'affaire, et ce sont des suites fâcheuses[1], où je n'ai garde de me commettre[2]. Si tu avais senti quelque inclination pour elle, à la bonne heure : je te l'aurais fait épouser,
160 au lieu de moi ; mais cela n'étant pas, je suivrai mon premier dessein, et je l'épouserai moi-même.

CLÉANTE – Hé bien ! mon père, puisque les choses sont ainsi, il faut vous découvrir mon cœur, il faut vous révéler notre secret. La vérité est que je l'aime depuis un jour que je la vis

notes
_____

1. des suites fâcheuses : des conséquences embarrassantes.   **2. me commettre :** m'exposer.

165 dans une promenade, que mon dessein était tantôt de vous la demander pour femme ; et que rien ne m'a retenu que la déclaration de vos sentiments, et la crainte de vous déplaire.

HARPAGON – Lui avez-vous rendu visite ?

CLÉANTE – Oui, mon père.

170 HARPAGON – Beaucoup de fois ?

CLÉANTE – Assez, pour le temps qu'il y a[1].

HARPAGON – Vous a-t-on bien reçu ?

CLÉANTE – Fort bien, mais sans savoir qui j'étais ; et c'est ce qui a fait tantôt la surprise de Mariane.

175 HARPAGON – Lui avez-vous déclaré votre passion, et le dessein où vous étiez de l'épouser ?

CLÉANTE – Sans doute, et même j'en avais fait à sa mère quelque peu d'ouverture[2].

HARPAGON – A-t-elle écouté, pour sa fille, votre proposition ?

180 CLÉANTE – Oui, fort civilement[3].

HARPAGON – Et la fille correspond-elle[4] fort à votre amour ?

CLÉANTE – Si j'en dois croire les apparences, je me persuade, mon père, qu'elle a quelque bonté pour moi.

HARPAGON, *bas, à part* – Je suis bien aise d'avoir appris un tel
185 secret, et voilà justement ce que je demandais. *(Haut.)* Oh sus[5] ! mon fils, savez-vous ce qu'il y a ? c'est qu'il faut songer, s'il vous plaît, à vous défaire de votre amour ; à cesser toutes vos poursuites auprès d'une personne que je prétends pour moi[6] ; et à vous marier dans peu avec celle qu'on vous destine.

notes

1. pour le temps qu'il y a : pour le peu de temps écoulé depuis notre rencontre.

2. quelque peu d'ouverture : je lui en avais un peu parlé.

3. fort civilement : très poliment.

4. correspond-elle : répond-elle.

5. sus ! : allons !

6. que je prétends pour moi : que je demande en mariage.

190 CLÉANTE – Oui, mon père, c'est ainsi que vous me jouez[1]! Hé bien! puisque les choses en sont venues là, je vous déclare, moi, que je ne quitterai point la passion que j'ai pour Mariane, qu'il n'y a point d'extrémité où je ne m'abandonne[2] pour vous disputer sa conquête, et que si
195 vous avez pour vous le consentement d'une mère, j'aurai d'autres secours peut-être qui combattront pour moi.

HARPAGON – Comment, pendard ? tu as l'audace d'aller sur mes brisées[3] ?

CLÉANTE – C'est vous qui allez sur les miennes! et je suis le
200 premier en date.

HARPAGON – Ne suis-je pas ton père ? et ne me dois-tu pas le respect ?

CLÉANTE – Ce ne sont point ici des choses où les enfants soient obligés de déférer[4] aux pères; et l'amour ne
205 connaît personne.

HARPAGON – Je te ferai bien me connaître, avec de bons coups de bâton.

CLÉANTE – Toutes vos
210 menaces ne feront rien.

HARPAGON – Tu renonceras à Mariane.

CLÉANTE – Point du tout.

HARPAGON – Donnez-moi
215 un bâton tout à l'heure[5].

H. Virlojeux en Harpagon menaçant.

notes

1. vous me jouez : vous me trompez.

2. où je ne m'abandonne : à laquelle je renonce.

3. aller sur mes brisées : entrer en concurrence avec moi.

4. déférer : céder, obéir.

5. tout à l'heure : immédiatement.

Au fil du texte

QUE S'EST-IL PASSÉ ENTRE-TEMPS ?

1. Quel stratagème Frosine envisage-t-elle pour détourner Harpagon de son projet de mariage avec Mariane ?

2. Que doit essayer d'obtenir Mariane auprès de sa mère ?

3. Que remarque Harpagon à la scène 2 entre Mariane et Cléante ?

4. Que décide-t-il alors ?

AVEZ-VOUS BIEN LU ?

5. En quoi, au cours de cette scène, l'expression « Prêcher le faux pour savoir le vrai » prend-elle tout son sens ?

6. À quel moment Cléante tombe-t-il dans le piège tendu par son père ?

7. Comment Harpagon réagit-il à l'aveu de son fils ?

ÉTUDIER LE TUTOIEMENT*
ET LE VOUVOIEMENT*

8. Identifiez les trois parties de cette scène en délimitant les passages au cours desquels Cléante est tutoyé par son père puis vouvoyé et à nouveau tutoyé.

9. Relevez toutes les marques de ce tutoiement et de ce vouvoiement (pronoms personnels, adjectifs possessifs).

10. Quelles valeurs donnez-vous à ces deux formes de discours ?

---

tutoiement : fait de s'adresser à quelqu'un à la 2ᵉ personne du singulier. C'est souvent le fait de l'adulte à l'enfant, parfois du supérieur au subalterne, de personnes d'un même niveau professionnel ou social. Il peut également exprimer la colère ou l'injure.

vouvoiement : fait de s'adresser à quelqu'un à la 2ᵉ personne du pluriel. Il inverse les situations du tutoiement : l'enfant à l'adulte, le subalterne au supérieur... On vouvoie les inconnus.

ÉTUDIER LE VOCABULAIRE

11. Relevez les termes employés par Cléante au sujet de Mariane, de la ligne 121 à la ligne 126.

12. Relevez les termes que Cléante utilise pour dresser le portrait de Mariane à la scène 2 de l'acte I (lignes 153 à 166).

13. Expliquez cette différence de comportement chez Cléante après avoir comparé ses deux attitudes.

ÉTUDIER LE TON DES PERSONNAGES

14. Relevez quelques phrases témoignant de la docilité de Cléante envers son père au début de la scène.

15. En quels termes peut-on qualifier le ton de Cléante à la fin de cette même scène ? Justifiez votre choix à l'aide de quelques phrases de la scène.

coup de théâtre : **événement inattendu qui modifie brutalement le cours de l'intrigue.**

tragique : **qui inspire la crainte d'une issue dramatique et terrible.**

ÉTUDIER LA PLACE ET LA FONCTION DE L'EXTRAIT DANS L'ŒUVRE

16. Pourquoi l'aveu de Cléante est-il un coup de théâtre★ pour son père ?

17. Quelles conséquences peut-il avoir sur la suite de l'intrigue ?

18. Expliquez en quoi cette scène est à la fois tragique★ et comique.

À VOS PLUMES !

19. Il vous est sans doute arrivé, au cours d'une conversation, de passer du vouvoiement au tutoiement. Racontez en quelles circonstances et précisez les raisons de ce changement de langage et d'attitude.

LIRE L'IMAGE

Les visages de ces comédiens (John Arnold est Cléante et Michel Bouquet est Harpagon) reflètent toute la tension de l'affrontement entre le père et le fils.

20. La photographie de ces deux acteurs est prise en contre-plongée (l'appareil est situé en position basse par rapport à ce qui est photographié) et en plan demi-rapproché (jusqu'à la poitrine). Quel est, à votre avis, l'intérêt de ce cadrage ?

21. Décrivez les visages pour en déduire les sentiments qu'ils expriment.

22. À quel moment de la scène ce jeu des physionomies correspond-il ?

Scène 4

MAÎTRE JACQUES, HARPAGON,
CLÉANTE

MAÎTRE JACQUES – Eh, eh, eh, messieurs, qu'est-ce ci[1] ? à quoi songez-vous ?

CLÉANTE – Je me moque de cela.

MAÎTRE JACQUES, *à Cléante* – Ah ! monsieur, doucement.

220 HARPAGON – Me parler avec cette impudence[2] !

MAÎTRE JACQUES, *à Harpagon* – Ah ! monsieur, de grâce.

CLÉANTE – Je n'en démordrai point.

MAÎTRE JACQUES, *à Cléante* – Eh quoi ? à votre père ?

HARPAGON – Laisse-moi faire.

225 MAÎTRE JACQUES, *à Harpagon* – Eh quoi ? à votre fils ? Encore passe pour moi.

HARPAGON – Je te veux faire toi-même, maître Jacques, juge de cette affaire, pour montrer comme j'ai raison.

MAÎTRE JACQUES – J'y consens. *(À Cléante.)* Éloignez-vous
230 un peu.

HARPAGON – J'aime une fille, que je veux épouser ; et le pendard a l'insolence de l'aimer avec moi, et d'y prétendre malgré mes ordres.

MAÎTRE JACQUES – Ah ! il a tort.

235 HARPAGON – N'est-ce pas une chose épouvantable, qu'un fils qui veut entrer en concurrence avec son père ? et ne doit-il pas, par respect, s'abstenir de toucher à mes inclinations ?

---

notes

1. qu'est-ce ci ? : que se passe-t-il ici ? **2. impudence :** effronterie.

MAÎTRE JACQUES – Vous avez raison. Laissez-moi lui parler, et
240 demeurez là.

Il vient trouver Cléante à l'autre bout du théâtre.

CLÉANTE – Hé bien ! oui, puisqu'il veut te choisir pour juge,
je n'y recule point ; il ne m'importe qui ce soit[1] et je veux
bien aussi me rapporter à toi, maître Jacques, de notre dif-
245 férend[2].

MAÎTRE JACQUES – C'est beaucoup d'honneur que vous me
faites.

CLÉANTE – Je suis épris d'une jeune personne qui répond à
mes vœux, et reçoit tendrement les offres de ma foi ; et
250 mon père s'avise de venir troubler notre amour par la
demande qu'il en fait faire.

MAÎTRE JACQUES – Il a tort assurément.

CLÉANTE – N'a-t-il point de honte, à son âge, de songer à se
marier ? lui sied-il bien[3] d'être encore amoureux ? et ne
255 devrait-il pas laisser cette occupation aux jeunes gens ?

MAÎTRE JACQUES – Vous avez raison, il se moque. Laissez-
moi lui dire deux mots. *(Il revient à Harpagon.)* Hé bien !
votre fils n'est pas si étrange que vous le dites, et il se met
à la raison. Il dit qu'il sait le respect qu'il vous doit, et qu'il
260 ne s'est emporté que dans la première chaleur, et qu'il ne
fera point refus de se soumettre à ce qu'il vous plaira,
pourvu que vous vouliez le traiter mieux que vous ne
faites, et lui donner quelque personne en mariage dont il
ait lieu d'être content.

---

notes

1. il ne m'importe qui ce soit :
quel que soit le juge, cela
m'indiffère.

2. différend : désaccord.

3. lui sied-il bien : lui
convient-il.

265 HARPAGON – Ah ! dis-lui, maître Jacques, que moyennant cela il pourra espérer toutes choses de moi ; et que, hors Mariane, je lui laisse la liberté de choisir celle qu'il voudra.

MAÎTRE JACQUES, – Laissez-moi faire. *(Il va au fils.)* Hé bien !
votre père n'est pas si déraisonnable que vous le faites[1] ; et
270 il m'a témoigné que ce sont vos emportements qui l'ont mis en colère ; et qu'il n'en veut seulement qu'à votre manière d'agir, et qu'il sera fort disposé à vous accorder ce que vous souhaitez, pourvu que vous vouliez vous y prendre par la douceur, et lui rendre les déférences[2], les res-
275 pects et les soumissions qu'un fils doit à son père.

CLÉANTE – Ah ! maître Jacques, tu peux lui assurer que, s'il m'accorde Mariane, il me verra toujours le plus soumis de tous les hommes et que jamais je ne ferai aucune chose que par ses volontés.

280 MAÎTRE JACQUES, *à Harpagon* – Cela est fait. Il consent à ce que vous dites.

HARPAGON – Voilà qui va le mieux du monde.

MAÎTRE JACQUES, *à Cléante* – Tout est conclu. Il est content de vos promesses.

285 CLÉANTE – Le Ciel en soit loué !

MAÎTRE JACQUES – Messieurs, vous n'avez qu'à parler ensemble : vous voilà d'accord maintenant ! et vous alliez vous quereller, faute de vous entendre.

CLÉANTE – Mon pauvre maître Jacques, je te serai obligé
290 toute ma vie.

MAÎTRE JACQUES – Il n'y a pas de quoi, monsieur.

---

notes

1. que vous le faites : que
vous le dites.

2. les déférences : les
respectueuses politesses.

HARPAGON – Tu m'as fait plaisir, maître Jacques, et cela mérite une récompense. Va, je m'en souviendrai, je t'assure.

Il tire son mouchoir de sa poche, ce qui fait croire à maître Jacques
295 *qu'il va lui donner quelque chose.*

MAÎTRE JACQUES – Je vous baise les mains[1].

Scène 5 CLÉANTE, HARPAGON

CLÉANTE – Je vous demande pardon, mon père, de l'emportement que j'ai fait paraître.

HARPAGON – Cela n'est rien.

300 CLÉANTE – Je vous assure que j'en ai tous les regrets du monde.

HARPAGON – Et moi, j'ai toutes les joies du monde de te voir raisonnable.

CLÉANTE – Quelle bonté à vous d'oublier si vite ma faute !

305 HARPAGON – On oublie aisément les fautes des enfants, lorsqu'ils rentrent dans leur devoir.

CLÉANTE – Quoi ? ne garder aucun ressentiment[2] de toutes mes extravagances ?

HARPAGON – C'est une chose où[3] tu m'obliges par la sou-
310 mission et le respect où tu te ranges.

CLÉANTE – Je vous promets, mon père, que, jusques au tombeau, je conserverai dans mon cœur le souvenir de vos bontés.

notes

1. **je vous baise les mains :** je vous remercie.   2. **ressentiment :** rancune.   3. **où :** à laquelle.

HARPAGON – Et moi, je te promets qu'il n'y aura aucune
315   chose que de moi tu n'obtiennes.

CLÉANTE – Ah ! mon père, je ne vous demande plus rien ; et
c'est m'avoir assez donné que de me donner Mariane.

HARPAGON – Comment ?

CLÉANTE – Je dis, mon père, que je suis trop content de vous,
320   et que je trouve toutes choses dans la bonté que vous avez
de m'accorder Mariane.

HARPAGON – Qui est-ce qui parle de t'accorder Mariane ?

CLÉANTE – Vous, mon père.

HARPAGON – Moi ?

325   CLÉANTE – Sans doute.

HARPAGON – Comment ? C'est toi qui as promis d'y renoncer.

CLÉANTE – Moi, y renoncer ?

HARPAGON – Oui.

330   CLÉANTE – Point du tout.

HARPAGON – Tu ne t'es pas départi d'[1]y prétendre ?

CLÉANTE – Au contraire, j'y suis porté plus que jamais.

HARPAGON – Quoi ? pendard, derechef[2] ?

CLÉANTE – Rien ne me peut changer.

335   HARPAGON – Laisse-moi faire, traître.

CLÉANTE – Faites tout ce qu'il vous plaira.

HARPAGON – Je te défends de me jamais voir.

CLÉANTE – À la bonne heure.

notes

1. tu ne t'es pas départi d' : tu   **2. derechef :** encore une fois.
n'as pas renoncé à.

HARPAGON – Je t'abandonne.

340 CLÉANTE – Abandonnez.

HARPAGON – Je te renonce[1] pour mon fils.

CLÉANTE – Soit.

HARPAGON – Je te déshérite.

CLÉANTE – Tout ce que vous voudrez.

345 HARPAGON – Et je te donne ma malédiction.

CLÉANTE – Je n'ai que faire de vos dons.

Scène 6   LA FLÈCHE, CLÉANTE

LA FLÈCHE, *sortant du jardin, avec une cassette* – Ah! monsieur, que je vous trouve à propos! suivez-moi vite.

CLÉANTE – Qu'y a-t-il ?

350 LA FLÈCHE – Suivez-moi, vous dis-je : nous sommes bien[2].

CLÉANTE – Comment ?

LA FLÈCHE – Voici votre affaire.

CLÉANTE – Quoi ?

LA FLÈCHE – J'ai guigné[3] ceci tout le jour.

355 CLÉANTE – Qu'est-ce que c'est ?

LA FLÈCHE – Le trésor de votre père, que j'ai attrapé.

CLÉANTE – Comment as-tu fait ?

LA FLÈCHE – Vous saurez tout. Sauvons-nous, je l'entends crier.

---

notes

1. je te renonce : je te renie.   **2. nous sommes bien :** tout va bien.   **3. guigné :** guetté.

Scène 7

HARPAGON

360 *Il crie au voleur dès
le jardin, et vient
sans chapeau.*
Au voleur !
au voleur !
365 à l'assassin !
au meurtrier !
Justice, juste
Ciel ! je suis
perdu,
370 je suis
assassiné,
on m'a coupé
la gorge,
on m'a
375 dérobé
mon
argent.
Qui peut-ce être ?
Qu'est-il devenu ?
380 Où est-il ? Où se
cache-t-il ?
Que ferai-je
pour le trouver ?
Où courir ?
385 Où ne pas
courir ?
N'est-il point là ? N'est-il point ici ? Qui est-ce ? Arrête.
Rends-moi mon argent, coquin… *(Il se prend lui-même le
bras.)* Ah ! c'est moi. Mon esprit est troublé, et j'ignore où

390 je suis, qui je suis, et ce que je fais. Hélas! mon pauvre argent, mon pauvre argent, mon cher ami! on m'a privé de toi; et puisque tu m'es enlevé, j'ai perdu mon support[1], ma consolation, ma joie; tout est fini pour moi, et je n'ai plus que faire au monde: sans toi, il m'est impossible de 395 vivre. C'en est fait, je n'en puis plus; je me meurs, je suis mort, je suis enterré. N'y a-t-il personne qui veuille me ressusciter, en me rendant mon cher argent, ou en m'apprenant qui l'a pris? Euh? que dites-vous? Ce n'est personne. Il faut, qui que ce soit qui ait fait le coup, qu'avec 400 beaucoup de soin on ait épié l'heure; et l'on a choisi justement le temps que[2] je parlais à mon traître de fils. Sortons. Je veux aller quérir[3] la justice, et faire donner la question[4] à toute la maison: à servantes, à valets, à fils, à fille, et à moi aussi. Que de gens assemblés! Je ne jette mes 405 regards sur personne qui ne me donne des soupçons, et tout me semble mon voleur. Eh! de quoi est-ce qu'on parle là? De celui qui m'a dérobé? Quel bruit fait-on là-haut? Est-ce mon voleur qui y est? De grâce, si l'on sait des nouvelles de mon voleur, je supplie que l'on m'en dise. 410 N'est-il point caché là parmi vous? Ils me regardent tous, et se mettent à rire. Vous verrez qu'ils ont part sans doute au vol que l'on m'a fait. Allons vite, des commissaires, des archers, des prévôts[5], des juges, des gênes[6], des potences et des bourreaux. Je veux faire pendre tout le monde; et si je 415 ne retrouve mon argent, je me pendrai moi-même après.

---

notes

1. **mon support :** mon appui, mon soutien.

2. **le temps que :** le moment où.

3. **quérir :** chercher.

4. **faire donner la question :** torturer.

5. **des prévôts :** des officiers de la justice.

6. **des gênes :** des instruments de torture.

Au fil du texte

QUE S'EST-IL PASSÉ ENTRE-TEMPS ?

1. Où en est le conflit qui oppose Cléante à Harpagon ?

2. Quel a été finalement le rôle de maître Jacques au cours de la dispute de la scène 4 ?

3. Que découvre Cléante dans les mains de La Flèche ?

AVEZ-VOUS BIEN LU ?

4. Comment Harpagon réagit-il lorsqu'il découvre le vol de son argent ?

5. Qui soupçonne-t-il ?

6. Quelles solutions envisage-t-il pour sortir de son désespoir ?

monologue :
un personnage, seul sur scène, parle à voix haute et informe ainsi les spectateurs de ses pensées, ses sentiments, ses intentions.

ÉTUDIER LA GRAMMAIRE

7. Dans les lignes 363 à 388, relevez d'une part les phrases exclamatives, d'autre part les phrases interrogatives.

8. Quels sentiments révèle la succession de ces deux types de phrase ?

ÉTUDIER LE DISCOURS

9. À qui Harpagon s'adresse-t-il successivement ?

10. Relevez les termes qui désignent ses interlocuteurs.

11. Pourquoi peut-on dire que ce monologue★ est un faux dialogue ?

ÉTUDIER LE MONOLOGUE

12. Comment le mot « monologue » est-il composé ?

13. Dites pourquoi ce monologue est à la fois tragique★ et comique.

14. Relevez et expliquez quelques passages comiques que vous avez remarqués.

ÉTUDIER L'ÉCRITURE

tragique : qui inspire la crainte d'une issue dramatique et terrible.

accumulation : juxtaposition de mots de même nature (verbes, noms communs, adjectifs…).

gradation : juxtaposition de termes qui marquent une évolution.

ascendante : qui va en augmentant (contraire de *descendante*).

dénouement : fin de la pièce qui fixe le sort des personnages.

15. Relevez toutes les accumulations★ dans cette scène.

16. Quelles sont celles qui correspondent à une gradation★ ascendante★ ?

17. Quel est l'intérêt de ce procédé d'écriture ?

ÉTUDIER LA PLACE ET LA FONCTION DE L'EXTRAIT DANS L'ŒUVRE

18. À quel moment de l'intrigue ce monologue prend-il place ?

19. Quels sont les traits de caractère d'Harpagon confirmés par ce monologue ?

20. Quel dénouement★ cette scène peut-elle laisser entrevoir ?

LIRE L'IMAGE

21. Citez le passage du monologue qui vous paraît correspondre exactement à l'attitude du personnage de la peinture ci-après.

22. Énumérez les éléments qui suggèrent la folie (attitude, expression du visage, éclairage…).

23. Approuvez-vous cette interprétation du personnage ? Pourquoi ?

Une représentation de l'acteur Grandmesnil (1737-1816)
dans le rôle d'Harpagon à la Comédie-Française.

Scène 1

HARPAGON, LE COMMISSAIRE,
SON CLERC

LE COMMISSAIRE – Laissez-moi faire : je sais mon métier, Dieu merci. Ce n'est pas d'aujourd'hui que je me mêle de découvrir des vols ; et je voudrais avoir autant de sacs de mille francs que j'ai fait pendre de personnes.

5 HARPAGON – Tous les magistrats sont intéressés à prendre cette affaire en main ; et si l'on ne me fait retrouver mon argent, je demanderai justice de la justice.

LE COMMISSAIRE – Il faut faire toutes les poursuites requises[1]. Vous dites qu'il y avait dans cette cassette ?...

10 HARPAGON – Dix mille écus bien comptés.

LE COMMISSAIRE – Dix mille écus !

HARPAGON – Dix mille écus.

note
1. requises : nécessaires.

Le Commissaire – Le vol est considérable.

Harpagon – Il n'y a point de supplice assez grand pour
l'énormité de ce crime ; et s'il demeure impuni, les choses
les plus sacrées ne sont plus en sûreté.

Le Commissaire – En quelles espèces était cette somme ?

Harpagon – En bons louis d'or et pistoles[1] bien trébuchantes[2].

Le Commissaire – Qui soupçonnez-vous de ce vol ?

Harpagon – Tout le monde ; et je veux que vous arrêtiez[3]
prisonniers la ville et les faubourgs.

Le Commissaire – Il faut, si vous m'en croyez, n'effaroucher
personne, et tâcher doucement d'attraper quelques
preuves, afin de procéder après par la rigueur au recouvrement[4] des deniers qui vous ont été pris.

Scène 2

Maître Jacques, Harpagon,
Le Commissaire, Son Clerc

Maître Jacques, *au bout du théâtre, en se retournant du côté
dont il sort* – Je m'en vais revenir. Qu'on me l'égorge tout à
l'heure, qu'on me lui fasse griller les pieds, qu'on me le
mette dans l'eau bouillante, et qu'on me le pende au plancher.

Harpagon – Qui ? Celui qui m'a dérobé ?

---

notes

1. pistole : unité de monnaie.

2. trébuchantes : qui correspondent au bon poids sur le trébuchet (balance utilisée pour peser les pièces d'or).

3. arrêtiez : fassiez.

4. recouvrement : fait de retrouver.

Maître Jacques – Je parle d'un cochon de lait que votre intendant me vient d'envoyer, et je veux vous l'accommoder à ma fantaisie[1].

Harpagon – Il n'est pas question de cela ; et voilà monsieur, à qui il faut parler d'autre chose.

Le Commissaire – Ne vous épouvantez point. Je suis homme à ne vous point scandaliser[2], et les choses iront dans la douceur.

Maître Jacques – Monsieur est de votre souper ?

Le Commissaire – Il faut ici, mon cher ami, ne rien cacher à votre maître.

Maître Jacques – Ma foi ! monsieur, je montrerai tout ce que je sais faire, et je vous traiterai du mieux qu'il me sera possible.

Harpagon – Ce n'est pas là l'affaire.

Maître Jacques – Si je ne vous fais pas aussi bonne chère que je voudrais, c'est la faute de monsieur notre intendant, qui m'a rogné les ailes avec les ciseaux de son économie.

Harpagon – Traître, il s'agit d'autre chose que de souper ; et je veux que tu me dises des nouvelles de l'argent qu'on m'a pris.

Maître Jacques – On vous a pris de l'argent ?

Harpagon – Oui, coquin ; et je m'en vais te pendre, si tu ne me le rends.

Le Commissaire – Mon Dieu ! ne le maltraitez point. Je vois à sa mine qu'il est honnête homme, et que sans se faire mettre en prison, il vous découvrira ce que vous voulez

---

notes

1. l'accommoder à ma fantaisie : le préparer à ma façon.

2. scandaliser : causer du tort, faire du mal.

60 savoir. Oui, mon ami, si vous nous confessez la chose, il ne vous sera fait aucun mal, et vous serez récompensé comme il faut par votre maître. On lui a pris aujourd'hui son argent, et il n'est pas que vous ne sachiez[1] quelques nouvelles de cette affaire.

65 MAÎTRE JACQUES, *à part* – Voici justement ce qu'il me faut pour me venger de notre intendant : depuis qu'il est entré céans[2], il est le favori, on n'écoute que ses conseils ; et j'ai aussi sur le cœur les coups de bâton de tantôt.

HARPAGON – Qu'as-tu à ruminer ?

70 LE COMMISSAIRE – Laissez-le faire : il se prépare à vous contenter, et je vous ai bien dit qu'il était honnête homme.

MAÎTRE JACQUES – Monsieur, si vous voulez que je vous dise les choses, je crois que c'est monsieur votre cher intendant qui a fait le coup.

75 HARPAGON – Valère ?

MAÎTRE JACQUES – Oui.

HARPAGON – Lui, qui me paraît si fidèle ?

MAÎTRE JACQUES – Lui-même. Je crois que c'est lui qui vous a dérobé.

80 HARPAGON – Et sur quoi[3] le crois-tu ?

MAÎTRE JACQUES – Sur quoi ?

HARPAGON – Oui.

MAÎTRE JACQUES – Je le crois… sur ce que je le crois.

LE COMMISSAIRE – Mais il est nécessaire de dire les indices
85 que vous avez.

notes

1. il n'est pas que vous ne sachiez : vous savez assurément.

2. céans : ici.

3. sur quoi : d'après quoi.

HARPAGON – L'as-tu vu rôder autour du lieu où j'avais mis mon argent ?

MAÎTRE JACQUES – Oui, vraiment. Où était-il votre argent ?

HARPAGON – Dans le jardin.

90 **MAÎTRE JACQUES** – Justement ; je l'ai vu rôder dans le jardin. Et dans quoi est-ce que cet argent était ?

HARPAGON – Dans une cassette.

MAÎTRE JACQUES – Voilà l'affaire : je lui ai vu une cassette.

HARPAGON – Et cette cassette, comment est-elle faite ? Je
95 verrai bien si c'est la mienne.

MAÎTRE JACQUES – Comment elle est faite ?

HARPAGON – Oui.

MAÎTRE JACQUES – Elle est faite… elle est faite comme une cassette.

100 **LE COMMISSAIRE** – Cela s'entend. Mais dépeignez-la un peu, pour voir.

MAÎTRE JACQUES – C'est une grande cassette.

HARPAGON – Celle qu'on m'a volée est petite.

MAÎTRE JACQUES – Eh ! oui, elle est petite, si on le veut
105 prendre par là, mais je l'appelle grande pour ce qu'elle contient.

HARPAGON – Et de quelle couleur est-elle ?

MAÎTRE JACQUES – De quelle couleur ?

LE COMMISSAIRE – Oui.

110 **MAÎTRE JACQUES** – Elle est de la couleur… là, d'une certaine couleur… Ne sauriez-vous m'aider à dire ?

HARPAGON – Euh ?

MAÎTRE JACQUES – N'est-elle pas rouge ?

HARPAGON – Non, grise.

115 MAÎTRE JACQUES – Eh! oui, gris-rouge : c'est ce que je voulais dire.

HARPAGON – Il n'y a point de doute : c'est elle assurément. Écrivez, monsieur, écrivez sa déposition. Ciel! à qui désormais se fier ? Il ne faut plus jurer de rien ; et je crois après 120 cela que je suis homme à me voler moi-même.

MAÎTRE JACQUES – Monsieur, le voici qui revient. Ne lui allez pas dire au moins que c'est moi qui vous ai découvert cela.

Scène 3

VALÈRE, HARPAGON,
LE COMMISSAIRE, SON CLERC,
MAÎTRE JACQUES

HARPAGON – Approche : viens confesser l'action la plus 125 noire, l'attentat le plus horrible qui jamais ait été commis.

VALÈRE – Que voulez-vous, monsieur ?

HARPAGON – Comment, traître, tu ne rougis pas de ton crime ?

VALÈRE – De quel crime voulez-vous donc parler ?

130 HARPAGON – De quel crime je veux parler, infâme ? comme si tu ne savais pas ce que je veux dire. C'est en vain que tu prétendrais de le déguiser[1] : l'affaire est découverte, et l'on vient de m'apprendre tout. Comment abuser ainsi de ma bonté, et s'introduire exprès chez moi pour me trahir ? 135 pour me jouer un tour de cette nature ?

---

note

1. *le déguiser :* le cacher.

VALÈRE – Monsieur, puisqu'on vous a découvert tout, je ne veux point chercher de détours[1] et vous nier la chose.

MAÎTRE JACQUES, *à part* – Oh, oh! aurais-je deviné sans y penser ?

140 **VALÈRE** – C'était mon dessein de vous en parler, et je voulais attendre pour cela des conjonctures[2] favorables ; mais puisqu'il est ainsi, je vous conjure de ne vous point fâcher, et de vouloir entendre mes raisons.

HARPAGON – Et quelles belles raisons peux-tu me donner, 145 voleur infâme ?

VALÈRE – Ah ! monsieur, je n'ai pas mérité ces noms. Il est vrai que j'ai commis une offense[3] envers vous ; mais après tout, ma faute est pardonnable.

HARPAGON – Comment! pardonnable ? Un guet-apens ? un 150 assassinat de la sorte ?

VALÈRE – De grâce, ne vous mettez point en colère. Quand vous m'aurez ouï, vous verrez que le mal n'est pas si grand que vous le faites.

HARPAGON – Le mal n'est pas si grand que je le fais! Quoi ? 155 mon sang, mes entrailles, pendard ?

VALÈRE – Votre sang[4], monsieur, n'est pas tombé dans de mauvaises mains. Je suis d'une condition à ne lui point faire de tort, et il n'y a rien en tout ceci que je ne puisse bien réparer.

160 **HARPAGON** – C'est bien mon intention, et que tu me restitues ce que tu m'as ravi.

VALÈRE – Votre honneur, monsieur, sera pleinement satisfait.

---

notes

1. **je ne veux point chercher de détours :** je veux être franc.

2. **conjonctures :** circonstances.

3. **une offense :** un affront.

4. **votre sang :** votre fille.

HARPAGON – Il n'est pas question d'honneur là-dedans. Mais dis-moi, qui t'a porté à cette action[1] ?

165 **VALÈRE** – Hélas ! me le demandez-vous ?

HARPAGON – Oui, vraiment, je te le demande.

VALÈRE – Un dieu qui porte les excuses de tout ce qu'il fait faire : l'Amour.

HARPAGON – L'Amour ?

170 **VALÈRE** – Oui.

HARPAGON – Bel amour, bel amour, ma foi ! l'amour de mes louis d'or.

VALÈRE – Non, monsieur, ce ne sont point vos richesses qui m'ont tenté ; ce n'est pas cela qui m'a ébloui, et je proteste

175 de ne prétendre rien à tous vos biens[2], pourvu que vous me laissiez celui que j'ai.

HARPAGON – Non ferai[3], de par tous les diables ! je ne te le laisserai pas. Mais voyez quelle insolence de vouloir retenir le vol qu'il m'a fait !

180 **VALÈRE** – Appelez-vous cela un vol ?

HARPAGON – Si je l'appelle un vol ! un trésor comme celui-là !

VALÈRE – C'est un trésor, il est vrai, et le plus précieux que vous ayez sans doute ; mais ce ne sera pas le perdre que de

185 me le laisser. Je vous le demande à genoux, ce trésor plein de charmes ; et pour bien faire, il faut que vous me l'accordiez.

HARPAGON – Je n'en ferai rien. Qu'est-ce à dire cela ?

---

notes

1. **qui t'a porté à cette action ? :** qui t'a poussé à commettre ce vol ?

2. **je proteste de ne prétendre rien à tous vos biens :** j'affirme ne pas être intéressé par votre fortune.

3. **non ferai :** je ne le ferai pas.

VALÈRE – Nous nous sommes promis une foi mutuelle[1], et
190   avons fait serment de ne nous point abandonner.

HARPAGON – Le serment est admirable, et la promesse plaisante !

VALÈRE – Oui, nous nous sommes engagés d'être l'un à l'autre à jamais.

195 **HARPAGON** – Je vous en empêcherai bien, je vous assure.

VALÈRE – Rien que[2] la mort ne nous peut séparer.

HARPAGON – C'est être bien endiablé après mon argent.

VALÈRE – Je vous ai déjà dit, monsieur, que ce n'était point
l'intérêt qui m'avait poussé à faire ce que j'ai fait. Mon
200   cœur n'a point agi par les ressorts que vous pensez, et un
motif plus noble m'a inspiré cette résolution.

HARPAGON – Vous verrez que c'est par charité chrétienne
qu'il veut avoir mon bien, mais j'y donnerai bon ordre ; et
la justice, pendard effronté, me va faire raison[3] de tout.

205 **VALÈRE** – Vous en userez comme vous voudrez, et me voilà
prêt à souffrir toutes les violences qu'il vous plaira ; mais je
vous prie de croire, au moins, que, s'il y a du mal, ce n'est
que moi qu'il en faut accuser, et que votre fille en tout ceci
n'est aucunement coupable.

210 **HARPAGON** – Je le crois bien, vraiment ; il serait fort étrange
que ma fille eût trempé dans ce crime. Mais je veux ravoir
mon affaire[4], et que tu me confesses en quel endroit tu me
l'as enlevée.

VALÈRE – Moi ? je ne l'ai point enlevée, et elle est encore
215   chez vous.

---

notes

1. une foi mutuelle : un amour partagé.

2. rien que : seule.

3. me va faire raison : va me donner raison.

4. mon affaire : mon argent.

HARPAGON, *à part* – Ô ma chère cassette ! *(Haut.)* Elle n'est point sortie de ma maison ?

VALÈRE – Non, monsieur.

HARPAGON – Hé ! dis-moi donc un peu : tu n'y as point tou-
220 ché ?

VALÈRE – Moi, y toucher ? Ah ! vous lui faites tort, aussi bien qu'à moi ; et c'est d'une ardeur toute pure et respectueuse que j'ai brûlé pour elle.

HARPAGON, *à part* – Brûlé pour ma cassette !

225 VALÈRE – J'aimerais mieux mourir que de lui avoir fait paraître[1] aucune pensée offensante : elle est trop sage et trop honnête pour cela.

HARPAGON, *à part* – Ma cassette trop honnête !

VALÈRE – Tous mes désirs se sont bornés à jouir de sa vue ;
230 et rien de criminel n'a profané[2] la passion que ses beaux yeux m'ont inspirée.

HARPAGON, *à part* – Les beaux yeux de ma cassette ! Il parle d'elle comme un amant d'une maîtresse.

VALÈRE – Dame Claude, monsieur, sait la vérité de cette
235 aventure, et elle vous peut rendre témoignage…

HARPAGON – Quoi ? ma servante est complice de l'affaire ?

VALÈRE – Oui, monsieur, elle a été témoin de notre engage-
ment ; et c'est après avoir connu l'honnêteté de ma flamme[3] qu'elle m'a aidé à persuader votre fille de me
240 donner sa foi et recevoir la mienne.

HARPAGON, *à part* – Eh ! Est-ce que la peur de la justice le fait extravaguer[4] ? *(À Valère.)* Que nous brouilles-tu[5] ici de ma fille ?

notes

1. lui avoir fait paraître : lui avoir témoigné.

2. profané : dégradé.

3. ma flamme : mon amour.

4. extravaguer : délirer.

5. brouiller : embrouiller.

VALÈRE – Je dis, monsieur, que j'ai eu toutes les peines du
245 monde à faire consentir sa pudeur à ce que voulait mon
amour.

HARPAGON – La pudeur de qui ?

VALÈRE – De votre fille ; et c'est seulement depuis hier
qu'elle a pu se résoudre à nous signer mutuellement une
250 promesse de mariage.

HARPAGON – Ma fille t'a signé une promesse de mariage !

VALÈRE – Oui, monsieur, comme de ma part je lui en ai
signé une.

HARPAGON – Ô Ciel !
255 autre disgrâce !

MAÎTRE JACQUES, *au commissaire* – Écrivez, mon-
sieur, écrivez.

HARPAGON
260 – Rengrégement[1] de
mal ! surcroît de déses-
poir ! Allons, monsieur,
faites le dû de votre
charge[2], et dressez-lui-
265 moi son procès, comme
larron[3] et comme
suborneur[4].

VALÈRE – Ce sont des
noms qui ne me sont
270 point dus ; et quand on
saura qui je suis…

Yeux exorbités, doigts recroquevillés,
visage excessivement tendu :
tout montre ici la folie d'Harpagon.

notes

1. **rengrégement :**
accroissement.

2. **faites le dû de votre
charge :** exercez vos
fonctions.

3. **larron :** voleur.

4. **suborneur :** séducteur.

Au fil du texte

QUE S'EST-IL PASSÉ ENTRE-TEMPS ?

1. Quelle est la raison de la présence du commissaire chez Harpagon ?

2. Qui maître Jacques dénonce-t-il ?

3. Vous souvenez-vous de la véritable raison de cette accusation ?

AVEZ-VOUS BIEN LU ?

4. À la fin de la scène, sous quelle double inculpation Harpagon demande-t-il au commissaire d'enregistrer sa plainte contre Valère ?

5. Valère est-il coupable de ces deux délits ?

6. En quoi peut-on dire que l'accusation d'Harpagon « *s'introduire exprès chez moi pour me trahir* » (ligne 134) est partiellement vraie ?

polysémie : **différents sens que peut prendre un mot.**

ÉTUDIER LE VOCABULAIRE ET LA GRAMMAIRE

7. De quel « *trésor* » est-il question :

a) à la ligne 181 pour Harpagon ?

b) à la ligne 183 pour Valère ?

8. Recherchez dans la scène d'autres mots ou expressions n'ayant pas le même sens pour Harpagon et pour Valère.

9. Quelle est la conséquence de cette polysémie★ ?

ÉTUDIER LE QUIPROQUO*

10. Expliquez sur quel quiproquo repose l'ensemble de la scène.

11. Ce quiproquo vous paraît-il vraisemblable* ou non ? Justifiez votre réponse.

ÉTUDIER LE COMIQUE

12. Citez dans la scène des exemples de procédés comiques relevant :

a) du comique de situation ;

b) de l'exagération ;

c) du ton de certaines répliques.

ÉTUDIER LA PLACE ET LA FONCTION DE L'EXTRAIT DANS L'ŒUVRE

13. Relevez les éléments qui montrent que Valère agit en honnête homme*.

14. Recopiez la réplique de Valère qui laisse subsister un mystère quant à sa véritable identité.

15. Cette identité laisse-t-elle entrevoir un dénouement* ? Pourquoi ?

À VOS PLUMES !

16. Rédigez un dialogue reposant sur un quiproquo. Imaginez, par exemple, qu'un locuteur parle d'une personne (ou d'une chose) et que son interlocuteur lui réponde en pensant à une autre. Le malentendu sera levé à l'issue d'une dizaine de répliques.

quiproquo : malentendu entre des personnages qui discutent en prenant une personne ou une chose pour une autre.

vraisemblable : crédible, réaliste.

honnête homme : homme vertueux, intègre, qui a le sens du devoir.

dénouement : fin de la pièce qui fixe le sort des personnages.

ÉLISE, MARIANE, FROSINE,
HARPAGON, VALÈRE,
MAÎTRE JACQUES, LE COMMISSAIRE,
SON CLERC

Scène 4

HARPAGON – Ah! fille scélérate! fille indigne d'un père comme moi! c'est ainsi que tu pratiques les leçons que je t'ai données? Tu te laisses prendre d'amour pour un voleur infâme, et tu lui engages ta foi sans mon consentement? Mais vous serez trompés[1] l'un et l'autre. *(À Élise.)* Quatre bonnes murailles[2] me répondront de ta conduite; *(à Valère)* et une bonne potence me fera raison de ton audace.

VALÈRE – Ce ne sera point votre passion qui jugera l'affaire; et l'on m'écoutera, au moins, avant que de[3] me condamner.

HARPAGON – Je me suis abusé[4] de dire une potence, et tu seras roué tout vif[5].

ÉLISE, *à genoux devant son père* – Ah! mon père, prenez des sentiments un peu plus humains, je vous prie, et n'allez point pousser les choses dans les dernières violences du pouvoir paternel. Ne vous laissez point entraîner aux premiers mouvements de votre passion, et donnez-vous le temps de considérer ce que vous voulez faire. Prenez la peine de mieux voir celui dont vous vous offensez[6]; il est tout autre que vos yeux ne le jugent; et vous trouverez moins étrange que je me sois donnée à lui lorsque vous saurez que sans lui vous ne m'auriez plus il y a[7] longtemps.

notes

1. vous serez trompés : vos projets n'aboutiront pas.
2. murailles : ici les murs du couvent.

3. avant que de : avant de.
4. je me suis abusé : je me suis trompé.
5. roué tout vif : soumis au supplice de la roue.

6. celui dont vous vous offensez : celui par qui vous pensez être offensé.
7. il y a : depuis.

Oui, mon père, c'est celui qui me sauva de ce grand péril que vous savez que je courus dans l'eau, et à qui vous devez 295 la vie de cette même fille dont…

HARPAGON – Tout cela n'est rien ; et il valait bien mieux pour moi qu'il te laissât noyer que de faire ce qu'il a fait.

ÉLISE – Mon père, je vous conjure, par l'amour paternel, de me…

300 HARPAGON – Non, non, je ne veux rien entendre ; et il faut que la justice fasse son devoir.

MAÎTRE JACQUES, *à part* – Tu me payeras mes coups de bâton.

FROSINE, *à part* – Voici un étrange embarras.

Scène 5

ANSELME, HARPAGON, ÉLISE, MARIANE, FROSINE, VALÈRE, MAÎTRE JACQUES, LE COMMISSAIRE, SON CLERC

305 ANSELME – Qu'est-ce, seigneur Harpagon ? je vous vois tout ému.

HARPAGON – Ah ! seigneur Anselme, vous me voyez le plus infortuné de tous les hommes, et voici bien du trouble et du désordre au contrat que vous venez faire ! On m'assas-310 sine dans le bien, on m'assassine dans l'honneur ; et voilà un traître, un scélérat, qui a violé tous les droits les plus saints, qui s'est coulé[1] chez moi sous le titre de domestique, pour me dérober mon argent et pour me suborner[2] ma fille.

notes

1. coulé : introduit.　　**2. suborner :** séduire, corrompre.

VALÈRE – Qui songe à votre argent, dont[1] vous me faites un
315   galimatias[2] ?

HARPAGON – Oui, ils se sont donné l'un à l'autre une promesse de mariage. Cet affront vous regarde, seigneur
Anselme, et c'est vous qui devez vous rendre partie[3] contre
lui, et faire toutes les poursuites de la justice pour vous
320   venger de son insolence.

ANSELME – Ce n'est pas mon dessein de me faire épouser par
force, et de rien prétendre[4] à un cœur qui se serait donné ;
mais pour vos intérêts je suis prêt à les embrasser[5] ainsi que
les miens propres.

325 **HARPAGON** – Voilà monsieur qui est un honnête commissaire, qui n'oubliera rien, à ce qu'il m'a dit, de la fonction
de son office. *(Au commissaire.)* Chargez-le comme il faut,
monsieur, et rendez les choses bien criminelles.

VALÈRE – Je ne vois pas quel crime on me peut faire de la
330   passion que j'ai pour votre fille ; et le supplice où[6] vous
croyez que je puisse être condamné pour notre engagement, lorsqu'on saura ce que je suis…

HARPAGON – Je me moque de tous ces contes ; et le monde
aujourd'hui n'est plein que de ces larrons de noblesse[7], que
335   de ces imposteurs, qui tirent avantage de leur obscurité, et
s'habillent insolemment du premier nom illustre qu'ils
s'avisent de prendre.

VALÈRE – Sachez que j'ai le cœur trop bon[8] pour me parer
de quelque chose qui ne soit point à moi, et que tout
340   Naples peut rendre témoignage de ma naissance.

---

notes

1. dont : pour lequel.
2. galimatias : paroles confuses, incompréhensibles.

3. rendre partie : attaquer en justice.
4. de rien prétendre : d'exiger.
5. embrasser : partager.

6. où : auquel.
7. larrons de noblesse : faux nobles.
8. bon : fier, noble.

ANSELME – Tout beau ! prenez garde à ce que vous allez dire. Vous risquez ici plus que vous ne pensez ; et vous parlez devant un homme à qui tout Naples est connu, et qui peut aisément voir clair dans l'histoire que vous ferez.

345 VALÈRE, *en mettant fièrement son chapeau* – Je ne suis point homme à rien craindre, et si Naples vous est connu, vous savez qui était Dom Thomas d'Alburcy.

ANSELME – Sans doute, je le sais ; et peu de gens l'ont connu mieux que moi.

350 HARPAGON – Je ne me soucie ni de Dom Thomas ni de Dom Martin.

ANSELME – De grâce, laissez-le parler, nous verrons ce qu'il en veut dire.

VALÈRE – Je veux dire que c'est lui qui m'a donné le jour.

355 ANSELME – Lui ?

VALÈRE – Oui.

ANSELME – Allez ; vous vous moquez. Cherchez quelque autre histoire, qui vous puisse mieux réussir, et ne prétendez pas vous sauver sous cette imposture.

360 VALÈRE – Songez à mieux parler. Ce n'est point une imposture ; et je n'avance rien qu'il ne me soit aisé de justifier.

ANSELME – Quoi ? vous osez vous dire fils de Dom Thomas d'Alburcy ?

VALÈRE – Oui, je l'ose ; et je suis prêt de[1] soutenir cette
365 vérité contre qui que ce soit.

ANSELME – L'audace est merveilleuse. Apprenez, pour vous confondre, qu'il y a seize ans pour le moins que l'homme dont vous nous parlez périt sur mer avec ses enfants et sa

note
_____

1. prêt de : prêt à.

370 femme, en voulant dérober leur vie[1] aux cruelles persécutions qui ont accompagné les désordres de Naples[2], et qui en firent exiler plusieurs nobles familles.

VALÈRE – Oui ; mais apprenez, pour vous confondre, vous, que son fils, âgé de sept ans, avec un domestique, fut sauvé de ce naufrage par un vaisseau espagnol, et que ce fils sauvé
375 est celui qui vous parle ; apprenez que le capitaine de ce vaisseau, touché de ma fortune, prit amitié pour moi, qu'il me fit élever comme son propre fils, et que les armes furent mon emploi dès que je m'en trouvai capable ; que j'ai su depuis peu que mon père n'était point mort, comme je
380 l'avais toujours cru ; que passant ici pour l'aller chercher, une aventure, par le Ciel concertée, me fit voir la charmante Élise ; que cette vue me rendit esclave de ses beautés ; et que la violence de mon amour, et les sévérités de son père, me firent prendre la résolution de m'introduire dans
385 son logis, et d'envoyer un autre à la quête de mes parents.

ANSELME – Mais quels témoignages encore, autres que vos paroles, nous peuvent assurer que ce ne soit point une fable que vous ayez bâtie sur une vérité ?

VALÈRE – Le capitaine espagnol ; un cachet de rubis[3] qui était
390 à mon père ; un bracelet d'agate que ma mère m'avait mis au bras ; le vieux Pedro, ce domestique qui se sauva avec moi du naufrage.

MARIANE – Hélas ! à vos paroles je puis ici répondre, moi, que vous n'imposez point[4] ; et tout ce que vous dites me
395 fait connaître clairement que vous êtes mon frère.

---

notes

1. **dérober leur vie :** sauver leur vie.

2. **les désordres de Naples :** révolte de Masaniello (1647-1648).

3. **cachet de rubis :** sceau qui permet d'imprimer une marque.

4. **vous n'imposez point :** vous ne mentez pas.

VALÈRE – Vous ma sœur ?

MARIANE – Oui. Mon cœur s'est ému dès le moment que[1] vous avez ouvert la bouche ; et notre mère, que vous allez ravir, m'a mille fois entretenue des disgrâces de notre famille. Le Ciel ne nous fit point aussi[2] périr dans ce triste naufrage ; mais il ne nous sauva la vie que par la perte de notre liberté ; et ce furent des corsaires qui nous recueillirent, ma mère et moi, sur un débris de notre vaisseau. Après dix ans d'esclavage, une heureuse fortune nous rendit notre liberté, et nous retournâmes dans Naples, où nous trouvâmes tout notre bien vendu, sans y pouvoir trouver des nouvelles de notre père. Nous passâmes à Gênes, où ma mère alla ramasser quelques malheureux restes d'une succession qu'on avait déchirée[3] ; et de là, fuyant la barbare injustice de ses parents, elle vint en ces lieux, où elle n'a presque vécu que d'une vie languissante[4].

ANSELME – Ô Ciel ! quels sont les traits de ta puissance ! et que tu fais bien voir qu'il n'appartient qu'à toi de faire des miracles ! Embrassez-moi, mes enfants, et mêlez tous deux vos transports à ceux de votre père.

VALÈRE – Vous êtes notre père ?

MARIANE – C'est vous que ma mère a tant pleuré ?

ANSELME – Oui, ma fille, oui, mon fils, je suis Dom Thomas d'Alburcy, que le Ciel garantit des ondes[5] avec tout l'argent qu'il portait, et qui vous ayant tous crus morts durant plus de seize ans, se préparait, après de longs voyages, à chercher dans l'hymen d'une douce et sage personne la consolation

---

notes

1. *le moment que :* le moment où.
2. *aussi :* non plus.

3. *une succession qu'on avait déchirée :* un héritage qu'on avait dispersé.

4. *une vie languissante :* une vie morne, sans joie.
5. *garantit des ondes :* sauva du naufrage.

de quelque nouvelle famille. Le peu de sûreté que j'ai vu pour ma vie à retourner à Naples m'a fait y renoncer pour toujours ; et ayant su trouver moyen d'y faire vendre ce que j'avais, je me suis habitué[1] ici, où, sous le nom d'Anselme, j'ai voulu m'éloigner[2] les chagrins de cet autre nom qui m'a causé tant de traverses[3].

HARPAGON – C'est là votre fils ?

ANSELME – Oui.

HARPAGON – Je vous prends à partie[4], pour me payer dix mille écus qu'il m'a volés.

ANSELME – Lui, vous avoir volé ?

HARPAGON – Lui-même.

VALÈRE – Qui vous dit cela ?

HARPAGON – Maître Jacques.

VALÈRE – C'est toi qui le dis ?

MAÎTRE JACQUES – Vous voyez que je ne dis rien.

HARPAGON – Oui : voilà monsieur le Commissaire qui a reçu sa déposition.

VALÈRE – Pouvez-vous me croire capable d'une action si lâche ?

HARPAGON – Capable ou non capable, je veux ravoir mon argent.

Quelques pièces de l'époque de Molière à l'effigie de Louis XIII et de Louis XIV.

notes

1. *je me suis habitué ici :* je me suis installé ici.

2. *m'éloigner :* éloigner de moi.

3. *traverses :* difficultés.

4. *je vous prends à partie :* je vous attaque en justice.

Au fil du texte

QUE S'EST-IL PASSÉ ENTRE-TEMPS ?

1. Comment Harpagon réagit-il en apprenant la liaison de Valère avec Élise ?

2. Que demande alors Élise à son père ?

3. Expliquez la réplique de maître Jacques :
« *Tu me payeras mes coups de bâton.* » (Acte V, scène 4, lignes 302 et 303.)

AVEZ-VOUS BIEN LU ?

4. Qu'apprend-on sur la véritable identité de :
a) Valère ?
b) Mariane ?
c) Anselme ?

5. Comment Harpagon réagit-il face à cette situation ?

ÉTUDIER LA GRAMMAIRE

6. Relevez, dans les lignes 357 à 371, tous les verbes conjugués à l'impératif présent.

7. Donnez leur forme infinitive.

8. Quels traits de caractère d'Anselme et de Valère l'emploi de ce mode révèle-t-il ?

ÉTUDIER LE RÉCIT DE MARIANE (LIGNES 397 À 411)

9. À quel moment de la réplique le récit de Mariane commence-t-il véritablement ?

10. Quel est le temps dominant dans ce récit ?

11. Relevez tous les verbes conjugués à ce temps et donnez leur forme infinitive.

12. Proposez ce récit sous la forme d'un schéma reprenant les étapes principales.

13. Relevez les éléments qui rendent ce récit pathétique★.

14. À quel genre littéraire★ autre que le théâtre ce récit pourrait-il appartenir ?

ÉTUDIER LA PLACE ET LA FONCTION DE L'EXTRAIT DANS L'ŒUVRE

15. Pourquoi peut-on dire que cette scène repose sur un triple coup de théâtre★ ?

16. Relevez l'une des répliques d'Anselme permettant de penser qu'il n'épousera pas Élise.

17. Lisez la scène 6 et résumez le dénouement★.

LIRE L'IMAGE

18. Décrivez en quelques phrases la scène représentée par l'illustration de la page suivante.

19. Dans la scène 5, relevez les mots ou expressions que l'on peut mettre en relation avec cette illustration.

20. Quels sont, selon vous, les avantages respectifs :
a) d'un récit par l'image ?
b) d'un récit par les mots ?

À VOS PLUMES !

21. Racontez une mésaventure de votre enfance. Vous utiliserez le passé simple comme temps dominant et vous efforcerez de rendre votre récit pathétique.

pathétique : **émouvant, touchant, qui fait venir la larme à l'œil.**

genre littéraire : **il désigne des ensembles de textes regroupés selon des caractéristiques communes : le théâtre, le roman, la poésie…**

coup de théâtre : **événement inattendu qui modifie brutalement le cours de l'intrigue.**

dénouement : **fin de la pièce qui fixe le sort des personnages.**

Représentation d'un naufrage au XVIIᵉ siècle (gravure de Othon-Frédéric von der Gröben, 1694).

Scène 6

CLÉANTE, VALÈRE, MARIANE, ÉLISE,
FROSINE, HARPAGON, ANSELME,
MAÎTRE JACQUES, LA FLÈCHE,
LE COMMISSAIRE, SON CLERC

445 CLÉANTE – Ne vous tourmentez point, mon père, et n'accusez personne. J'ai découvert des nouvelles de votre affaire, et je viens ici pour vous dire que, si vous voulez vous résoudre à me laisser épouser Mariane, votre argent vous sera rendu.

450 HARPAGON – Où est-il ?

CLÉANTE – Ne vous en mettez point en peine : il est en lieu dont je réponds, et tout ne dépend que de moi. C'est à vous de me dire à quoi vous vous déterminez ; et vous pouvez choisir, ou de me donner Mariane, ou de perdre
455 votre cassette.

HARPAGON – N'en a-t-on rien ôté ?

CLÉANTE – Rien du tout. Voyez si c'est votre dessein de souscrire à ce mariage, et de joindre votre consentement à celui de sa mère, qui lui laisse la liberté de faire un choix entre
460 nous deux.

MARIANE – Mais vous ne savez pas que ce n'est pas assez que ce consentement, et que le Ciel, avec un frère que vous voyez, vient de me rendre un père dont vous avez à m'obtenir.

465 ANSELME – Le Ciel, mes enfants, ne me redonne point à vous pour être contraire à vos vœux. Seigneur Harpagon, vous jugez bien que le choix d'une jeune personne tombera sur le fils plutôt que sur le père. Allons, ne vous faites point dire

ce qu'il n'est pas nécessaire d'entendre, et consentez ainsi
470 que moi à ce double hyménée[1].

HARPAGON – Il faut, pour me donner conseil, que je voie ma
cassette.

CLÉANTE – Vous la verrez saine et entière.

HARPAGON – Je n'ai point d'argent à donner en mariage à
475 mes enfants.

ANSELME – Hé bien! j'en ai pour eux; que cela ne vous
inquiète point.

HARPAGON – Vous obligerez-vous à faire tous les frais de ces
deux mariages?

480 ANSELME – Oui, je m'y oblige : êtes-vous satisfait?

HARPAGON – Oui, pourvu que pour les noces vous me fassiez faire un habit.

ANSELME – D'accord. Allons jouir de l'allégresse que cet
heureux jour nous présente.

485 LE COMMISSAIRE – Holà! messieurs, holà! tout doucement,
s'il vous plaît : qui me payera mes écritures[2]?

HARPAGON – Nous n'avons que faire de vos écritures.

LE COMMISSAIRE – Oui! mais je ne prétends pas, moi, les
avoir faites pour rien.

490 HARPAGON – Pour votre payement *(montrant maître Jacques)*,
voilà un homme que je vous donne à pendre.

MAÎTRE JACQUES – Hélas! comment faut-il donc faire? On
me donne des coups de bâton pour dire vrai, et on me veut
pendre pour mentir.

---

notes

1. hyménée : mariage.

2. mes écritures : les
dépositions de maître
Jacques et de Valère.

495 ANSELME – Seigneur Harpagon, il faut lui pardonner cette imposture.

HARPAGON – Vous payerez donc le Commissaire ?

ANSELME – Soit. Allons vite faire part de notre joie à votre mère.

500 HARPAGON – Et moi, voir ma chère cassette.

Harpagon et sa raison de vivre : « *Ma chère cassette* », « *Mon support, ma consolation, ma joie* » (IV, 7). Michel Aumont est Harpagon.

Au fil du texte

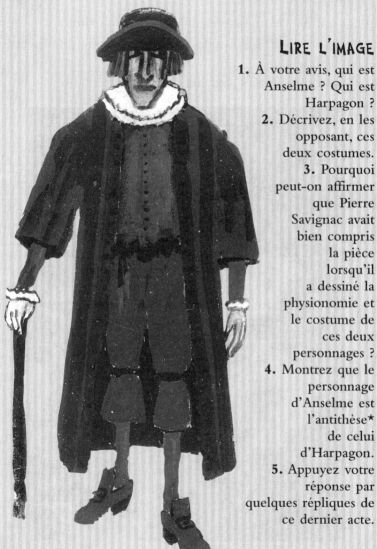

LIRE L'IMAGE

1. À votre avis, qui est Anselme ? Qui est Harpagon ?

2. Décrivez, en les opposant, ces deux costumes.

3. Pourquoi peut-on affirmer que Pierre Savignac avait bien compris la pièce lorsqu'il a dessiné la physionomie et le costume de ces deux personnages ?

4. Montrez que le personnage d'Anselme est l'antithèse★ de celui d'Harpagon.

5. Appuyez votre réponse par quelques répliques de ce dernier acte.

antithèse : opposition entre deux idées, deux expressions, deux personnes que l'on rapproche pour mieux en faire ressortir le contraste.

La pièce *L'Avare* fut donnée à la Comédie-Française pendant 20 ans (de 1969 à 1989) dans une mise en scène dont on parle encore : celle de Jean-Paul Roussillon avec Michel Aumont en Harpagon (cf. p. 141). Les décors et les costumes avaient été dessinés par le peintre humoriste Pierre Savignac.
Nous vous en proposons ici deux exemples.

Retour sur l'œuvre

LES PERSONNAGES

1. Retrouvez chaque personnage à partir de sa caractérisation.

Traits distinctifs	Personnages
Entremetteuse, flatteuse, intrigante, cupide	
Jeune aristocrate, imposteur, cynique, intelligent	
Rival de son père, dépensier, amoureux, irrespectueux	
Noble, napolitain, généreux, honnête homme	
Naïf, franc, rancunier, accusateur	
Réservée, craintive, amoureuse, terrorisée par son père	
Riche bourgeois, veuf, avare, despote	
Pauvre, amoureuse, docile, vit avec sa mère	
Observateur, malin, voleur mais loyal envers son maître	

2. Classez ces neuf personnages selon trois « familles » :
les serviteurs - la famille du riche bourgeois - la famille du noble napolitain.

LA FOURMI N'EST
      PAS PRÊTEUSE:
C'EST LÀ SON
  MOINDRE DÉFAUT.

Illustration de Félix Lorioux (vers 1930) pour la
Fable de la Fontaine : « La Cigale et la Fourmi »…
Autre histoire d'avarice…

3. Relevez dans cette illustration les éléments
prouvant que *« la fourmi n'est pas prêteuse »*.

4. Si vous aviez à représenter l'avarice d'Harpagon,
quels sont les éléments de cette illustration que
vous conserveriez ? Quels sont ceux que vous
remplaceriez et par quoi ?

5. Qui suis-je ?

Je suis un personnage féminin, on parle souvent de moi mais je n'apparais jamais sur scène.

Je suis un personnage féminin, je n'apparais qu'une seule fois sur scène mais je ne parle pas.

Je suis un personnage masculin, j'apparais dans plusieurs scènes mais je ne parle jamais.

L'INTRIGUE

6. Retrouvez auteurs et victimes des faits suivants.

Auteurs	Faits	Victimes
	Vol d'une cassette	
	Fouille de vêtements	
	Dénonciation injuste du vol de la cassette	
	« Emprunt » d'une bague sertie d'un diamant	
	Chantage pour épouser Mariane	

7. Qu'avez-vous retenu du naufrage et de la noyade dont il est question dans la pièce ?

8. Quel quiproquo est à l'origine d'une querelle entre Harpagon et Valère ?

9. Quel coup de théâtre permet un dénouement heureux pour tous les personnages ?

LE THÈME DE L'ARGENT

10. Donnez quelques exemples de l'avarice d'Harpagon s'exerçant :
a) sur ses serviteurs ;
b) sur ses enfants ;
c) sur Mariane.

11. Citez quelques moyens que Cléante essaie d'employer pour se procurer de l'argent.

12. Et si Harpagon et l'Oncle Picsou se rencontraient... Quels conseils s'échangeraient-ils sur la gestion de leurs biens ? sur le mariage des enfants ? sur le rapport avec leurs domestiques ?

13. Et s'ils se disputaient ? Comment cela finirait-il ?

Le genre littéraire

14. À quel genre théâtral appartient *L'Avare* ?

La comédie-ballet ☐

La tragédie ☐

La comédie de mœurs et de caractères ☐

Le vaudeville ☐

15. Dans cette comédie, Molière s'efforce de :

faire l'éloge de l'avarice ☐

faire rire en ridiculisant les avares pour les dénoncer ☐

valoriser les pères très autoritaires avec leurs enfants ☐

promouvoir les mariages d'argent ☐

flatter les riches bourgeois ☐

Le vocabulaire

16. Mettez en relation chacun des termes suivants utilisés par Molière avec sa définition.

Aiguillettes	☐	☐	Culottes très larges
Brocards	☐	☐	Écouter
Damoiseaux	☐	☐	Honnêteté
Galimatias	☐	☐	Immédiatement
Hauts-de-chausses	☐	☐	Jeunes gens
Ouïr	☐	☐	Moqueries
Oracle	☐	☐	Objets sans valeur
Probité	☐	☐	Paroles confuses
Rogatons	☐	☐	Prophétie
Tout à l'heure	☐	☐	Lacets qui attachent les hauts-de-chausses

17. Expliquez les termes suivants : *scène d'exposition - coup de théâtre - quiproquo - didascalie - dénouement* ; et pour chacun d'eux donnez un exemple extrait de la pièce.

Dossier
Bibliocollège

Structure de la pièce :
présence des personnages

	Scènes	ACTE I					ACTE II				
		1	2	3	4	5	1	2	3	4	5
Personnages	Harpagon			●	●	●		●	●		●
	Cléante		●		●		●	●			
	Élise	●	●		●	●					
	Valère	●				●					
	Frosine								●	●	●
	Maître Simon							●			
	La Flèche			●			●	●		●	

	Scènes	ACTE III								
		1	2	3	4	5	6	7	8	9
Personnages	Harpagon	●				●	●	●	●	●
	Cléante	●						●	●	●
	Élise	●					●	●	●	●
	Valère	●	●					●	●	●
	Mariane			●	●	●	●	●	●	●
	Frosine			●	●	●	●	●	●	●
	Maître Jacques	●	●	●						
	Dame Claude	●								
	Brindavoine	●							●	
	La Merluche	●								●

	Scènes	ACTE IV							ACTE V					
		1	2	3	4	5	6	7	1	2	3	4	5	6
Personnages	Harpagon		●	●	●	●		●	●	●	●	●	●	●
	Cléante	●	●	●	●	●	●							●
	Élise	●	●									●	●	●
	Valère										●	●	●	●
	Mariane	●	●										●	●
	Anselme												●	●
	Frosine	●	●									●	●	●
	Maître Jacques				●					●	●			●
	La Flèche						●							●
	Le Commissaire et son clerc								●	●	●	●	●	●

Les aspirations	Les obstacles	Les stratagèmes	Les coups de théâtre	Les dénouements
Valère et Élise s'aiment et veulent se marier (I,1).	Un père avare et égoïste (I,4-I,5).	Valère se fait passer pour intendant (I,1). Il flatte Harpagon dans le but d'obtenir son accord (III,1).	Anselme est le père de Valère (V,5).	**Double mariage :** (Anselme accepte d'en payer les frais). Valère et Élise
Cléante aime Mariane et veut l'épouser (I,2).	Un père avare, égoïste mais aussi rival de son fils (I,4-II,2). Le manque d'argent (II,1).	Tentative d'emprunt d'une somme d'argent pour partir avec Mariane (II,1). Double langage et cadeau du diamant (III,7). Aide de Frosine (IV,1).	Anselme est le père de Mariane (V,5).	Cléante et Mariane
Harpagon surveille jalousement son argent (I,3-I,4) et cherche à le faire fructifier (I,4-II,2-II,5).	L'entourage : enfants, valets (I,3) ; le public, lui-même (IV,7).	Initier et surveiller les domestiques (III,1). Arranger des mariages lucratifs (I,4). Prêter de l'argent à des taux exorbitants (II,2). Engager un commissaire (V,1-V,2).	La cassette est volée (IV,6).	Harpagon retrouve sa « chère cassette » (V, 6).
Harpagon veut épouser Mariane (I,4-I,5).	La différence d'âge (II,5). La répulsion de Mariane (III,4-III,6). Son fils : jeune, passionné, dépensier et rival (II,2-III,1 -IV,5).	Faire des compliments à Mariane et l'inviter (III,5-III,6). Employer Frosine (II,5). Faire croire à Cléante qu'il le laisse épouser Mariane (IV,3).	Le chantage de Cléante : Mariane ou la cassette (V,6).	

Il était une fois Molière

Un destin librement choisi

À 21 ans, un garçon nommé Jean-Baptiste Poquelin renonce aux acquis de ses études pour fonder l'Illustre-Théâtre et entreprendre une carrière d'acteur-auteur-chef de troupe.

Sa famille est déçue : Jean-Baptiste ne sera ni tapissier comme son père et ses grands-pères, ni avocat comme de nombreux fils de bourgeois. Il veut consacrer sa vie à sa passion : le théâtre.

Un charlatan avec tous ses « accessoires » au XVIIe siècle.

Dates clés

15 janvier 1622 : naissance de Jean-Baptiste Poquelin à Paris.

Mai 1632 : mort de sa mère.

1633 : études au collège de Clermont.

1640 : études de droit à Orléans.

Une fascination précoce pour le théâtre

Cette passion lui vient très tôt : son grand-père, très fréquemment, le mène à l'hôtel de Bourgogne où ils assistent à des représentations de farces, de comédies ou de tragédies. L'enfant côtoie aussi la troupe des Italiens et rencontre, aux endroits les plus fréquentés de Paris, les bonimenteurs, les charlatans qui proposent de véritables spectacles aux badauds afin de leur vendre des « produits miracles ».

Ces spectacles, associés certainement à ses prédispositions, ont conduit tout naturellement le jeune Poquelin à fonder, avec la famille Béjart, l'Illustre-Théâtre grâce auquel il devint Molière.

DES DÉBUTS DIFFICILES

La troupe de l'Illustre-Théâtre dont Molière est responsable, fait face à de nombreux soucis financiers. Elle doit aussi affronter la concurrence des autres troupes et l'hostilité du clergé. De plus, les représentations ont peu de succès et les recettes sont maigres. Les dettes s'accumulent et Molière est poursuivi puis emprisonné à deux reprises au Châtelet. C'est la faillite, la troupe doit se séparer.

Dates clés

30 juin 1643 : fondation de l'Illustre-Théâtre.

2 et 4 août 1645 : Molière est emprisonné pour dettes au Châtelet.

Automne 1645 : Molière quitte Paris.

Le Petit Châtelet servait de prison au XVIIe siècle.

UNE VIE ITINÉRANTE ET ENRICHISSANTE EN PROVINCE

Pour survivre en province, les troupes de théâtre choisissent de se rendre dans les villes où se réunissent les assemblées des États. Ce qui leur permet de rencontrer un public nombreux, riche et voulant se distraire. C'est ainsi que la troupe de Molière est remarquée en 1653 par le prince de Conti qui décide de la subventionner. Trois ans plus tard, il change d'avis. La troupe envisage de regagner Paris.

Pendant ces treize années en province, Molière acquiert une solide expérience des métiers d'acteur et de directeur de troupe. Il a beaucoup appris sur la cour des princes, la vie provinciale en ville et à la campagne : autant de sujets pour ses futures pièces.

LES TRIOMPHES DE MOLIÈRE À PARIS

Dès son arrivée à Paris, Molière obtient un très grand succès en jouant *L'Étourdi* puis *Le Dépit amoureux*. Le Roi lui accorde l'autorisation de s'installer au Théâtre du Petit-Bourbon. Les succès de Molière ne se démentent pas. La troupe s'installe au Palais-Royal et en 1665, elle est autorisée à prendre le nom de « Troupe du Roi ». Molière sait également se faire apprécier dans un genre très prisé par la Cour et le Roi : les comédies-ballets.

Mais le succès a des revers qui ont pour noms envie, jalousie, méfiance, haine… et Molière, en même temps que ses succès, mène bien des combats.

Dates clés

Septembre 1653 : représentation à Pézenas et protection du prince de Conti.

20 décembre 1656 : suppression de la subvention.

Mai 1657 : la troupe doit renoncer au nom de « Troupe de Monseigneur le prince de Conti ».

Octobre 1658 : installation au Petit-Bourbon.

11 octobre 1660 : la troupe obtient la salle du Palais-Royal.

20 février 1662 : mariage de Jean-Baptiste Poquelin et d'Armande Béjart.

19 janvier 1664 : naissance de Louis.

Les combats de Molière

Les difficultés professionnelles

Dès son retour à Paris en 1658, Molière se trouve confronté à de nombreuses difficultés :

• il doit conquérir un public ;
• il doit affronter les critiques ;
• il doit également faire face à l'hostilité de l'église, des dévots et de tous ceux qui s'estiment victimes de ses comédies ;
• le Roi lui préfère Lulli auquel il donne un privilège exclusif pour l'autorisation des compositions musicales.

Les difficultés personnelles

Molière eut de son mariage avec Armande Béjart trois enfants : Louis, qui ne vivra que 10 mois, Esprit Madeleine, la seule enfant qui survivra à Molière mais qui ne lui laissera pas de postérité et Pierre Jean Baptiste Armand qui ne vivra que 10 jours.

À ces drames, s'ajoutent la mort d'un père puis celle d'une amie fidèle : Madeleine Béjart. Enfin, Molière lutte contre une maladie pulmonaire très mal soignée à l'époque.

La mort de Molière

Son mépris pour les médecins et la médecine apparaîtra dans bien des comédies et c'est en jouant l'une d'elle, *Le Malade imaginaire*, que Molière est pris d'un malaise et meurt quelques heures plus tard chez lui.

Ne s'étant pas confessé et n'ayant pas renié sa vie de comédien, les prêtres lui refusent des funérailles religieuses. 800 personnes suivront Molière dans son dernier voyage.

13 mai 1664 : première interdiction de *Tartuffe*.

10 novembre 1664 : mort de Louis.

4 août 1665 : baptême d'Esprit Madeleine.

5 août 1667 : nouvelle interdiction de *Tartuffe*.

5 février 1669 : succès de *Tartuffe* enfin autorisé.

27 février 1669 : mort du père de Molière.

17 décembre 1671 : mort de Madeleine Béjart.

29 mars 1672 : privilège accordé par le Roi à Lulli pour les compositions musicales.

1er octobre 1672 : baptême de Pierre Jean Baptiste Armand qui ne vivra que dix jours.

17 février 1673 : mort de Molière.

21 février 1673 : funérailles.

L'argent au XVIIe siècle

DES « ESPÈCES SONNANTES ET TRÉBUCHANTES »

Pas de carnet de chèques, pas de carte bancaire ni de télépaiement au XVIIe siècle, mais des « *bons louis d'or et pistoles bien trébuchantes* » pour régler les transactions★ courantes. La seule monnaie qui compte, c'est le métal : l'argent et surtout l'or.

Comme notre timbre-poste d'aujourd'hui, aucune monnaie ne portait alors de valeur faciale★. On y trouvait le buste du roi, un peu de latin et quelques éléments décoratifs comme, par exemple, le soleil sur les écus d'avant 1640, d'où leur nom d'« écu soleil ». Vinrent ensuite les louis.

Les mots de l'argent

Transactions : échanges de valeurs.

Valeur faciale : valeur inscrite sur une pièce, un billet, un timbre, etc.

Premier franc, frappé en 1360 : il servit à payer la rançon du roi Jean le Bon.

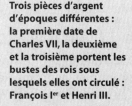

Trois pièces d'argent d'époques différentes : la première date de Charles VII, la deuxième et la troisième portent les bustes des rois sous lesquels elles ont circulé : François Ier et Henri III.

Enfin, au XVIIe siècle, sous Louis XIV : son « denier ». Ici, le revers avec les armes de France entourées de deux palmes. Et toujours pas de valeur inscrite sur la pièce.

L'unité monétaire est la livre dont la valeur est exprimée en grammes d'argent (11 grammes vers 1600 ; 8 grammes de Richelieu à Colbert).

La valeur des pièces est fixée par ordonnance royale. Il pouvait être décidé, par exemple, que la valeur d'un écu serait de quatre livres au lieu de trois. Jusque vers la moitié du XVIIe siècle, les pièces sont mal frappées et des artisans peu scrupuleux les rognent ou les trempent dans l'acide pour en récupérer le métal précieux. C'est pour cela que les trébuchets*, balances très sensibles, étaient si répandus chez les marchands : ils permettaient de vérifier de façon précise le poids et la qualité des pièces. Leur valeur était ensuite toujours discutée. Du trébuchet vient aussi l'expression « *espèces sonnantes et trébuchantes* ».

Les mots de l'argent

Trébuchets : petites balances à plateaux utilisées pour peser les pièces d'or et d'argent.

Ce couple d'avares semble pressé d'évaluer, grâce au trébuchet, la valeur de son magot.
(*Les avares* peints par Van Tilborch, XVIIe siècle.)

L'ARGENT POUR LE POUVOIR

Dans *L'Avare*, Harpagon accumule des pièces dans une cassette cachée dans son jardin et jalousement surveillée. Harpagon n'est pas seulement un personnage de comédie, il est aussi le représentant d'une classe sociale qui s'enrichit et qui commence à faire de l'ombre à la noblesse du XVIIᵉ siècle. Le commerce, les prêts à intérêt, l'épargne, les héritages, les mariages… permettent à la bourgeoisie d'entrevoir la possibilité de s'offrir des titres et des privilèges, de prendre peu à peu le pouvoir financier pour assurer progressivement un réel pouvoir économique. Pendant ce temps, les nobles se ruinent dans un train de vie somptueux.

Les mots de l'argent

Bas de laine : métaphore pour exprimer la cachette où l'on dépose l'argent économisé.

Charges anoblissantes : responsabilités et fonctions qui permettent d'accéder à des titres de noblesse.

Lettre de change ou billet à ordre : reconnaissances de dettes.

LE BAS DE LAINE*

La monnaie ne manque pas mais elle est cachée dans les coffres des églises, des nobles et des bourgeois. Elle ne réapparaît qu'à l'occasion d'événements importants : dot pour un mariage, achat de propriétés ou de charges anoblissantes*…

Souvent la monnaie est remplacée par des « promesses écrites » : la lettre de change ou le billet à ordre*. Le créancier (celui qui prête) demande à son débiteur (celui qui emprunte) des garanties pour le remboursement du prêt. Il peut s'agir de biens, comme par exemple des troupeaux, des récoltes, des fermes, du bois, des matériaux… Le créancier doit pouvoir récupérer à la fois le montant du prêt (le capital) et des intérêts. Lorsque ces intérêts sont exagérément élevés, on emploie le terme d'« usurier ». Harpagon en est le symbole.

La bourgeoisie possède la plus grande partie de l'or et de l'argent alors même que les caisses de l'État sont vides.

ET LES PAYSANS ?

La richesse des paysans, c'est-à-dire de la plus grande partie du peuple, est constituée de leurs récoltes. Ils vivent, pour une grande part, en autarcie*. Pour se procurer ce qui leur manque, les paysans utilisent le plus souvent le troc* ou le travail supplémentaire. Les paiements se font en nourriture ou sous forme d'échanges de services (prêt d'un attelage, par exemple). La monnaie n'intervient que sous forme d'appoint* et le billon* suffit le plus souvent. Les écus et les louis d'or ne jouaient pas un grand rôle. Ils brillaient par leur rareté dans le monde paysan et pouvaient apparaître pour une dot ou l'achat d'un champ.

UNE MONNAIE PLURIELLE

En fait, au XVIIe siècle, le système monétaire est compliqué puisqu'il faut ajouter aux pièces de monnaie « principales » celles que les petits princes du royaume avaient le droit de « battre »* ainsi que les pièces étrangères (principalement espagnoles, anglaises ou italiennes) qui circulaient librement.

Vivre en autarcie : vivre en se suffisant à soi-même, en consommant sa propre production.

Troc : échange direct d'un bien contre un autre.

Appoint : complément.

Le billon : monnaie de cuivre mêlée ou non d'argent.

Battre monnaie : fabriquer de la monnaie qui, autrefois, se frappait à l'aide du marteau.

La valeur des monnaies au XVIIe siècle

1 écu : 3 livres.

1 pistole : 11 livres.

1 livre ou 1 franc : 20 sols ou sous.

1 sol : 12 deniers.

1 double : 2 deniers.

Liard : petite monnaie sans valeur.

Et l'argent de notre siècle ? Au casino, chaque nuit, il est le roi : il devient la « *raison de vivre* », la « *consolation* » et la « *joie* » de tous ces joueurs venus pour le gagner.

L'Avare, une comédie de mœurs et de caractères

Une comédie sérieuse

Contrairement à la farce★, la comédie de mœurs et de caractères ne propose pas de façon systématique des situations burlesques et vulgaires ayant pour unique intention de faire rire un public populaire. Elle n'a pas non plus recours systématiquement, comme les comédies-ballets★, aux intermèdes de chants et de danses, aux déguisements ou aux machines.

La comédie de mœurs et de caractères est une comédie devenue sérieuse.

• Elle met en scène les défauts des hommes
L'avarice, l'hypocrisie, la pédanterie, la flatterie, la coquetterie, la préciosité, le libertinage, la séduction…

• Elle dénonce certaines pratiques sociales★
Celles des médecins, des notaires, des bourgeois, des usuriers, des prêtres…

• Elle pose des problèmes de société
L'émancipation★ des filles, l'hypocrisie religieuse, l'ascension sociale de la bourgeoisie…

C'est ainsi qu'en utilisant le spectacle de comédie, elle se propose de corriger nos travers et défauts et de dénoncer certaines des mœurs des hommes.

À retenir

Farce : pièce bouffonne et grotesque destinée à provoquer le rire même par des moyens grossiers ou obscènes.

Comédie-ballet : comédie mêlée de musique, chants, danses, ballets…

Pratiques sociales : façons de se comporter dans la société.

Émancipation : liberté.

UNE COMÉDIE À VALEUR DOCUMENTAIRE

Dans *L'Avare*, nous découvrons bien des aspects
de la société du XVIIe siècle. Molière nous ouvre les portes
d'une grande maison bourgeoise avec son maître,
ses enfants, ses domestiques, son train de vie, sa façon
d'organiser et de composer les repas…
Il nous montre comment les jeunes gens vivaient
leurs amours, leurs soucis, leurs relations avec leurs
parents ; il nous éclaire sur la manière dont les maîtres
traitaient leurs valets. Il nous dévoile les méthodes
utilisées par les usuriers, leur comportement, leur
vocabulaire… Il fait référence à des faits d'actualité
comme la révolution manquée à Naples.

L'une des pratiques du siècle dénoncée par Molière est le mariage considéré comme une affaire d'obéissance et non d'amour. Ici, « c'est un fils qui obéit à son père mort » (titre de cette gravure).
Le jeune homme se marie à l'église, devant le cercueil de son père : il épouse la femme que celui-ci lui avait désignée. (Restif de La Bretonne, *La Vie de mon père*, 1779).

À retenir

Comédie d'intrigue : comédie dans laquelle l'histoire est marquée par de nombreux incidents, rebondissements et coups de théâtre.

LA MISE EN ŒUVRE DE PROCÉDÉS COMIQUES MULTIPLES

Ainsi présentée, on se dit que, vraiment, pour une comédie, il n'y a pas de quoi rire… Erreur ! La comédie de mœurs et de caractères est certes conçue pour faire réfléchir, mais par le rire. Pour son écriture, sa mise en scène et son jeu, on fait appel à tous les ressorts du comique : gags, quiproquos, coups de bâton, disputes véhémentes…

Dans *L'Avare*, on rit du vieillard tiraillé entre le désir amoureux et l'obsession de l'argent, du père qui se ridiculise en s'opposant aux aventures galantes de ses enfants, du flatteur qui exagère un peu trop ses compliments, ou encore du téméraire qui change d'identité pour mieux approcher sa belle…

On retrouve ici tous les procédés de la farce et de la comédie d'intrigue*.

Dans sa mise en scène de *L'Avare* en 1999, Jérôme Savary, comme à son habitude, choisit la modernité et l'originalité. Ici, les attitudes outrées, les accessoires (lunettes, fleur en plastique, nain de jardin en guise de cassette), les costumes… tout sert la comédie.

UNE SATIRE* ÉCLAIRANTE

Ainsi, Molière caricature, ridiculise et dénonce en faisant rire. La comédie de mœurs et de caractères est fondée sur la satire. Par ce procédé, Molière entend corriger les défauts des hommes et prend parti. Il défend le mariage d'amour contre les mariages imposés et calculés ; il proteste contre les tyrannies de l'argent, de la médecine, des notaires, des bourgeois… De ce fait, il se bat pour la tolérance, la générosité, la solidarité… autant de valeurs universelles faisant de Molière un auteur qui, loin d'être dépassé, reste étonnamment d'actualité.

À retenir

Satire : écrit, discours qui s'attaque à quelque chose, à quelqu'un, en s'en moquant.

L'avarice, dénoncée comme l'un des sept péchés capitaux par la tradition catholique (avec la colère, l'envie, la gourmandise, la luxure, l'orgueil et la paresse) et dont Molière fait la satire, a inspiré également l'auteur de cette gravure intitulée : « Les avares au sortir d'entendre la parole de Dieu » (début du XXe siècle).

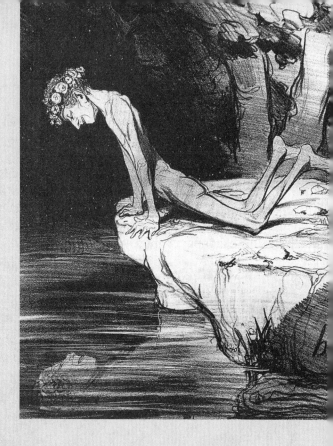

La légende de Narcisse

La mythologie grecque raconte que Narcisse était doué d'une grande beauté. À sa naissance, sa mère apprit qu'il vivrait longtemps, à condition qu'il ne vît jamais son propre visage. Or, poussé par la soif, Narcisse surprit un jour son reflet dans l'eau d'une source et en tomba amoureux. Il se laissa alors mourir de langueur et la fleur qui poussa sur le lieu de sa mort porte son nom.

Honoré Daumier aussi dénonçait par l'ironie un travers humain : « *il aimait comme nous à contempler ses traits* », écrivait-il au sujet du « Beau Narcisse » de sa lithographie. À notre tour de contempler les traits des personnages que Molière nous dépeint dans les textes de ce groupement : peut-être y verrons-nous nos propres défauts ?

Groupement de textes :
Portraits de travers humains

La comédie est considérée au XVIIe siècle comme un genre mineur, propre à amuser un public populaire, contrairement à la tragédie qui exalte des valeurs plus nobles.

La comédie met en scène des personnages d'un milieu non aristocratique (bourgeois, domestiques, paysans…) qui évoluent dans des situations quotidiennes et réussissent toujours à se tirer d'affaire. Leurs situations et leurs comportements sont tels qu'ils suscitent le rire chez les spectateurs. Par tous ces aspects, la comédie est en opposition totale avec la tragédie.

Molière lui donnera pourtant toutes ses lettres de noblesse. Ses personnages incarnent de manière caricaturale mais instructive des travers, des caractères typés empruntés à ses contemporains.

Après Harpagon, ce groupement de textes vous propose de découvrir cinq autres personnages aux noms évocateurs. Il s'agit de **Tartuffe**, l'hypocrite, de **Dom Juan**, le séducteur, d'**Argan**, l'hypocondriaque, de **Magdelon**, la précieuse et d'**Alceste**, le misanthrope.

Avec ces personnages au caractère bien trempé, Molière ne prétend pas uniquement susciter le rire, il veut faire sourire, émouvoir et faire réfléchir. « *Lorsque vous peignez les hommes, il faut peindre d'après nature et vous n'avez rien fait si vous n'y faites reconnaître les gens de votre siècle* [1] ».

Puissent ces extraits vous donner envie de lire
les comédies dont ils sont issus !

---

1. Dorante dans *La Critique de l'École des femmes*.

LE TARTUFFE

Elmire et Orgon ont accueilli Tartuffe, un dévot qui exerce sur eux une véritable fascination. En toutes circonstances, sa conduite est exemplaire : généreux avec les pauvres, attentif aux problèmes d'autrui, scrupuleusement attaché à la religion et à ses rites[1]… Son altruisme[2] a de quoi surprendre. À Cléante, son beau-frère, qui lui reproche de se laisser influencer par Tartuffe, Orgon se justifie en dressant un portrait édifiant.

ORGON – Ha ! si vous aviez vu comme j'en fis rencontre,
Vous auriez pris pour lui l'amitié que je montre.
Chaque jour à l'église il venait, d'un air doux,
Tout vis-à-vis de moi se mettre à deux genoux.
Il attirait les yeux de l'assemblée entière
Par l'ardeur dont au Ciel il poussait sa prière ;
Il faisait des soupirs, de grands élancements,
Et baisait humblement la terre à tous moments ;
Et lorsque je sortais, il me devançait vite,
Pour m'aller à la porte offrir de l'eau bénite.
Instruit par son garçon[3], qui dans tout l'imitait,
Et de son indigence[4], et de ce qu'il était,
Je lui faisais des dons ; mais avec modestie
Il me voulait toujours en rendre une partie.
« C'est trop, me disait-il, c'est trop de la moitié ;
Je ne mérite pas de vous faire pitié » ;
Et quand je refusais de le vouloir reprendre,
Aux pauvres, à mes yeux, il allait le répandre,

---

1. rites : actions répétitives au cours de cérémonies.   **2. altruisme :** dévouement.   **3. son garçon :** son apprenti.   **4. indigence :** pauvreté.

Enfin le Ciel chez moi me le fit retirer[1],
Et depuis ce temps-là tout semble y prospérer.
Je vois qu'il reprend tout, et qu'à ma femme même
Il prend, pour mon honneur, un intérêt extrême ;
Il m'avertit des gens qui lui font les yeux doux,
Et plus que moi six fois il s'en montre jaloux.
Mais vous ne croiriez point jusqu'où monte son zèle[2] :
Il s'impute[3] à péché la moindre bagatelle ;
Un rien presque suffit pour le scandaliser :
Jusque-là qu'il se vint l'autre jour accuser
D'avoir pris une puce en faisant sa prière,
Et de l'avoir tuée avec trop de colère.

> *Le Tartuffe ou L'Imposteur*, acte I, scène 5 (1664).

DOM JUAN

À Sganarelle, son valet qui lui reproche « *d'aimer de tous côtés* »,
Dom Juan répond par une longue tirade, véritable profession
de foi du séducteur incorrigible.

DOM JUAN - Quoi ! tu veux qu'on se lie à demeurer au premier objet qui nous prend, qu'on renonce au monde pour lui, et qu'on n'ait plus d'yeux pour personne ? La belle chose de vouloir se piquer d'un faux honneur d'être fidèle, de s'ensevelir pour toujours dans une passion, et d'être mort dès sa jeunesse à toutes les autres beautés qui nous peuvent frapper les yeux ! Non, non, la constance[4] n'est bonne que pour les ridicules, toutes les belles ont droit de nous charmer, et l'avantage d'être rencontrée la première ne doit point dérober aux autres les

---

1. *me le fit retirer :* le recueillir.   3. *il s'impute :* il s'attribue.
2. *zèle :* dévouement.   4. *constance :* fidélité.

justes prétentions qu'elles ont toutes sur nos cœurs. Pour moi, la beauté me ravit partout où je la trouve, et je cède facilement à cette douce violence dont elle nous entraîne. J'ai beau être engagé, l'amour que j'ai pour une belle n'engage point mon âme à faire injustice aux autres ; je conserve des yeux pour voir le mérite de toutes, et rends à chacune les hommages et les tributs où la nature nous oblige. Quoi qu'il en soit, je ne puis refuser mon cœur à tout ce que je vois d'aimable, et dès qu'un beau visage me le demande, si j'en avais dix mille, je les donnerais tous. Les inclinations naissantes, après tout, ont des charmes inexplicables, et tout le plaisir de l'amour est dans le changement. On goûte une douceur extrême à réduire[1], par cent hommages, le cœur d'une jeune beauté, à voir de jour en jour les petits progrès qu'on y fait, à combattre par des transports, par des larmes et des soupirs, l'innocente pudeur d'une âme qui a peine à rendre les armes, à forcer pied à pied toutes les petites résistances qu'elle nous oppose, à vaincre les scrupules dont elle se fait un honneur, et la mener doucement où nous avons envie de la faire venir. Mais, lorsqu'on est maître une fois[2] il n'y a plus rien à dire, ni rien à souhaiter ; tout le beau de la passion est fini, et nous nous endormons dans la tranquillité d'un tel amour, si quelque objet nouveau ne vient réveiller nos désirs et présenter à notre cœur les charmes attrayants d'une conquête à faire. Enfin il n'est rien de si doux que de triompher de la résistance d'une belle personne, et j'ai sur ce sujet l'ambition des conquérants, qui volent perpétuellement de victoire en victoire, et ne peuvent se résoudre à borner leurs souhaits. Il n'est rien qui puisse arrêter l'impétuosité de mes désirs : je me sens un cœur à aimer toute la terre ; et comme Alexandre[3], je souhaiterais qu'il y eût d'autres mondes, pour y pouvoir étendre mes conquêtes amoureuses.

Dom Juan ou Le Festin de pierre, acte I, scène 2 (1665).

---

1. réduire : vaincre.

2. lorsqu'on est maître une fois : une fois que l'on est maître.

3. Alexandre le Grand (356-323 av. J.-C.) : roi de Macédoine, il conquit le monde grec, l'Égypte et l'Asie jusqu'en Inde pour en faire un vaste empire.

LE MALADE IMAGINAIRE

Alors que, dans de nombreuses comédies de Molière, l'apparition du personnage principal est retardée pour créer un effet d'attente chez le spectateur, dans *Le Malade imaginaire*, Argan apparaît seul dès la première scène, et son monologue nous en dit long sur son caractère et ses préoccupations.

ARGAN, *seul dans sa chambre, assis, une table devant lui, compte des parties d'apothicaire*[1] *avec des jetons. Il fait, parlant à lui-même, les dialogues suivants.* Trois et deux font cinq, et cinq font dix, et dix font vingt. Trois et deux font cinq. « Plus, du vingt-quatrième, un petit clystère insinuatif, préparatif et rémollient[2], pour amollir, humecter et rafraîchir les entrailles de monsieur. » Ce qui me plaît de monsieur Fleurant, mon apothicaire, c'est que ses parties sont toujours fort civiles[3] : « les entrailles de monsieur, trente sols. » Oui, mais, monsieur Fleurant, ce n'est pas tout que d'être civil, il faut être aussi raisonnable et ne pas écorcher les malades. Trente sols un lavement ! Je suis votre serviteur[4], je vous l'ai déjà dit. Vous ne me les avez mis dans les autres parties qu'à vingt sols, et vingt sols en langage d'apothicaire, c'est-à-dire dix sols ; les voilà, dix sols. « Plus, dudit jour, un bon clystère détersif[5], composé avec catholicon[6] double, rhubarbe, miel rosat, et autres, suivant l'ordonnance, pour balayer, laver et nettoyer le bas-ventre de monsieur, trente sols. » Avec votre permission, dix sols. « Plus, dudit jour, le soir, un julep hépatique, soporatif[7] et somnifère, composé pour faire dormir monsieur, trente-cinq sols. » Je ne me plains pas de celui-là, car il me fit bien dormir. Dix, quinze, seize et dix-sept sols, six deniers. « Plus, du vingt-cinquième, une bonne médecine purgative et corroborative[8], composée de casse récente avec séné

---

1. parties d'apothicaire : factures de pharmacien.

2. clystère insinuatif et rémollient : lavement introduit dans le derrière pour ramollir les selles.

3. civiles : polies.

4. je suis votre serviteur : je ne suis pas d'accord avec vous.

5. détersif : pour nettoyer.

6. catholicon : sirop.

7. julep hépatique, soporatif : potion pour le foie qui fait transpirer.

8. médecine purgative et corroborative : remède qui purge et redonne de la force.

levantin[1], et autres, suivant l'ordonnance de monsieur Purgon, pour expulser et évacuer la bile de monsieur, quatre livres. » Ah ! monsieur Fleurant, c'est se moquer ; il faut vivre avec les malades. Monsieur Purgon ne vous a pas ordonné de mettre quatre francs. Mettez, mettez trois livres, s'il vous plaît. Vingt et trente sols. « Plus, dudit jour, une potion anodine et astringente[2], pour faire reposer monsieur, trente sols. » Bon… dix et quinze sols. « Plus du vingt-sixième, un clystère carminatif[3] pour chasser les vents de monsieur, trente sols. » Dix sols, monsieur Fleurant. « Plus le clystère de monsieur réitéré[4] le soir, comme dessus, trente sols. » Monsieur Fleurant, dix sols. « Plus, du vingt-septième, une bonne médecine composée pour hâter d'aller, et chasser dehors les mauvaises humeurs[5] de monsieur, trois livres. » Bon, vingt et trente sols : je suis bien aise que vous soyez raisonnable. « Plus, du vingt-huitième, une prise de petit-lait clarifié et dulcoré[6], pour adoucir, lénifier[7], tempérer et rafraîchir le sang de monsieur, vingt sols. » Bon, dix sols. « Plus une potion cordiale et préservative[8] composée avec douze grains de bézoard[9], sirops de limon[10] et grenade, et autres, suivant l'ordonnance, cinq livres. » Ah ! monsieur Fleurant, tout doux, s'il vous plaît ; si vous en usez comme cela, on ne voudra plus être malade : contentez-vous de quatre francs. Vingt et quarante sols. Trois et deux font cinq, et cinq font dix, et dix font vingt. Soixante et trois livres, quatre sols, six deniers. Si bien donc que, de ce mois, j'ai pris une, deux, trois, quatre, cinq, six, sept et huit médecines ; et un, deux, trois, quatre, cinq, six, sept, huit, neuf, dix, onze et douze lavements ; et l'autre mois, il y

---

1. casse, séné levantin : végétaux exotiques utilisés dans la fabrication de remèdes purgatifs.

2. potion anodine et astringente : potion qui calme la douleur et resserre les tissus.

3. carminatif : qui fait expulser les gaz intestinaux (les vents).

4. réitéré : renouvelé.

5. humeurs : substances liquides du corps humain.

6. dulcoré : adouci par le sucre.

7. lénifier : calmer.

8. potion cordiale et préservative : potion qui calme et qui joue un rôle préventif.

9. bézoard : calculs (concrétions calcaires) des animaux.

10. limon : sorte de citron.

avait douze médecines et vingt lavements. Je ne m'étonne pas si je ne me porte pas si bien ce mois-ci que l'autre. Je le dirai à monsieur Purgon, afin qu'il mette ordre à cela. Allons, qu'on m'ôte tout ceci. Il n'y a personne ? J'ai beau dire, on me laisse toujours seul ; il n'y a pas moyen de les arrêter ici. *(Il agite une sonnette pour faire venir ses gens.)* Ils n'entendent point, et ma sonnette ne fait pas assez de bruit. Drelin, drelin, drelin, point d'affaire. Drelin, drelin, drelin, ils sont sourds… Toinette ! drelin, drelin, drelin. Tout comme si je ne sonnais point. Chienne ! coquine ! Drelin, drelin, drelin, j'enrage. *(Il ne sonne plus, mais il crie.)* Drelin, drelin, drelin, carogne[1], à tous les diables ! Est-il possible qu'on laisse comme cela un pauvre malade tout seul ? Drelin, drelin, drelin : voilà qui est pitoyable ! Drelin, drelin, drelin, ah, mon Dieu ! Ils me laisseront ici mourir. Drelin, drelin, drelin.

Le Malade imaginaire, acte I, scène 1 (1673).

LES PRÉCIEUSES RIDICULES

Gorgibus reproche à sa fille Magdelon, et à sa nièce Cathos, d'avoir éconduit[2] deux prétendants qu'elles devaient « *prendre pour maris* ». Magdelon lui répond que pour obtenir satisfaction, ces « Messieurs » doivent adopter un code des bonnes manières.

MAGDELON – Mon père, voilà ma cousine qui vous dira, aussi bien que moi, que le mariage ne doit jamais arriver qu'après les autres aventures. Il faut qu'un amant, pour être agréable, sache débiter les beaux sentiments, pousser le doux, le tendre et le passionné, et que sa recherche soit dans les formes. Premièrement, il doit voir au temple, ou à la promenade, ou dans quelque cérémonie publique, la

---

1. *carogne :* femme odieuse.　　**2.** *éconduit :* repoussé, congédié.

personne dont il devient amoureux ; ou bien être conduit fatalement chez elle par un parent ou un ami, et sortir de là tout rêveur et mélancolique. Il cache un temps sa passion à l'objet aimé, et cependant lui rend plusieurs visites, où l'on ne manque jamais de mettre sur le tapis une question galante qui exerce les esprits de l'assemblée. Le jour de la déclaration arrive, qui se doit faire ordinairement dans une allée de quelque jardin, tandis que la compagnie s'est un peu éloignée ; et cette déclaration est suivie d'un prompt courroux[1], qui paraît à notre rougeur, et qui, pour un temps, bannit l'amant de notre présence. Ensuite il trouve moyen de nous apaiser, de nous accoutumer insensiblement au discours de sa passion, et de tirer de nous cet aveu qui fait tant de peine. Après cela viennent les aventures, les rivaux qui se jettent à la traverse d'une inclination établie, les persécutions des pères, les jalousies conçues sur de fausses apparences, les plaintes, les désespoirs, les enlèvements, et ce qui s'ensuit. Voilà comme les choses se traitent dans les belles manières, et ce sont des règles dont, en bonne galanterie, on ne saurait se dispenser. Mais en venir de but en blanc à l'union conjugale, ne faire l'amour qu'en faisant le contrat du mariage, et prendre justement le roman par la queue ! encore un coup, mon père, il ne se peut rien de plus marchand que ce procédé ; et j'ai mal au cœur de la seule vision que cela me fait.

GORGIBUS – Quel diable de jargon entends-je ici ? Voici bien du haut style.

Les Précieuses ridicules, acte I, scène 4 (1659).

---

1. *courroux :* colère.

LE MISANTHROPE

Alceste reproche à son ami Philinte d'avoir manifesté
des marques de sympathie à un homme pour lequel il
n'éprouve que de l'indifférence. Philinte s'étonne et demande
à Alceste ce qu'il convient de faire.

PHILINTE
    Mais, sérieusement, que voulez-vous qu'on fasse ?

ALCESTE
    Je veux qu'on soit sincère, et qu'en homme d'honneur
    On ne lâche aucun mot qui ne parte du cœur.

PHILINTE
    Lorsqu'un homme vous vient embrasser avec joie,
    Il faut bien le payer de la même monnoie,
    Répondre, comme on peut, à ses empressements,
    Et rendre offre pour offre, et serments pour serments.

ALCESTE
    Non, je ne puis souffrir cette lâche méthode
    Qu'affectent la plupart de vos gens à la mode ;
    Et je ne hais rien tant que les contorsions
    De tous ces grands faiseurs de protestations,
    Ces affables[1] donneurs d'embrassades frivoles,
    Ces obligeants diseurs d'inutiles paroles,
    Qui de civilités[2] avec tous font combat,
    Et traitent du même air l'honnête homme et le fat[3].
    Quel avantage a-t-on qu'un homme vous caresse,
    Vous jure amitié, foi, zèle, estime, tendresse,
    Et vous fasse de vous un éloge éclatant,
    Lorsqu'au premier faquin[4] il court en faire autant ?
    Non, non, il n'est point d'âme un peu bien située
    Qui veuille d'une estime ainsi prostituée,

---

1. affables : aimables, polis.   *2. civilités :* politesses.   *4. faquin :* coquin. Ici, individu
                                     3. fat : prétentieux.   quelconque.

Et la plus glorieuse a des régals peu chers,
Dès qu'on voit qu'on nous mêle avec tout l'univers.
Sur quelque préférence une estime se fonde,
Et c'est n'estimer rien qu'estimer tout le monde.
Puisque vous y donnez, dans ces vices du temps,
Morbleu ! vous n'êtes pas pour être de mes gens ;
Je refuse d'un cœur la vaste complaisance
Qui ne fait de mérite aucune différence ;
Je veux qu'on me distingue ; et, pour le trancher net,
L'ami du genre humain n'est point du tout mon fait.

PHILINTE

Mais quand on est du monde, il faut bien que l'on
rende
Quelques dehors civils que l'usage demande.

ALCESTE

Non, vous dis-je ; on devrait châtier[1] sans pitié
Ce commerce honteux de semblants d'amitié.
Je veux que l'on soit homme, et qu'en toute rencontre
Le fond de notre cœur dans nos discours se montre ;
Que ce soit lui qui parle, et que nos sentiments
Ne se masquent jamais sous de vains[2] compliments.

Le Misanthrope, acte I, scène 1 (1666).

---

1. châtier : punir.   **2. vains :** inutiles.

Bibliographie et filmographie

LIRE D'AUTRES PIÈCES DE MOLIÈRE

Le Médecin malgré lui (en Bibliocollège)
Le Bourgeois gentilhomme (en Bibliocollège)
Les Fourberies de Scapin (en Bibliocollège)
Dom Juan ou Le Festin de pierre
Tartuffe ou L'Imposteur
Le Misanthrope
L'École des femmes (en Bibliocollège)
Les Femmes savantes (en Bibliocollège)
Le Malade imaginaire (en Bibliocollège)
Les Précieuses ridicules

CONSULTER DES OUVRAGES SUR LE XVIIE SIÈCLE

La Vie quotidienne au temps de Louis XIV,
F. Bluche, coll. « Vies quotidiennes », Hachette, 1980.
La Vie quotidienne des comédiens au temps de Molière,
coll. « Vies quotidiennes », Hachette, 1966.

REGARDER UN FILM OU ÉCOUTER UNE CASSETTE

L'Avare, de Jean Girault avec Louis de Funès
et Michel Galabru, 1979.
L'Avare, de René Lucot, par la Société des comédiens-
français, avec Jean-Paul Roussillon, Francis Huster,
Isabelle Adjani (Institut national de la communication),
Vidéofilm, 1972.

L'Avare, de Jean Vilar, avec Jean Vilar, Jean-Pierre Cassel, Rosy Varte, Vidéofilm, 1975.

Molière, d'Ariane Mnouchkine, 1978.

L'Avare, cassette Radio France/France culture/Comédie-Française.

L'Avare, ES Hachette-Audivis, coll. « Vie du théâtre ».

CONNAÎTRE D'AUTRES HISTOIRES D'AVARES

« La Cigale et la Fourmi », *Fable* de La Fontaine (1668).

Un Conte de Noël, Charles Dickens (1843).

Un autre avare célèbre : Scrooge, imaginé par Dickens. (Image du film de B.-D. Hurst, 1951.)

Imprimé en Italie par «La Tipografica Varese S.p.A.»

Dépôt légal : Mars 2008 - Collection n° 46 - Edition n° 11 - **16/7959/6**